関西周辺 日帰り クルマで行く 山歩き

絶景を楽しむ
厳選コースガイド

増補改訂版

木暮人倶楽部　森林・山歩きの会●監修

Mates-Publishing

CONTENTS

※※本書は2020年発行の『関西周辺 クルマで行く日帰り山歩き　絶景を楽しむ厳選コースガイド』を元に加筆・修正を行い、新規内容を追加、装丁を変更し「増補改訂版」として新たに発行したものです。

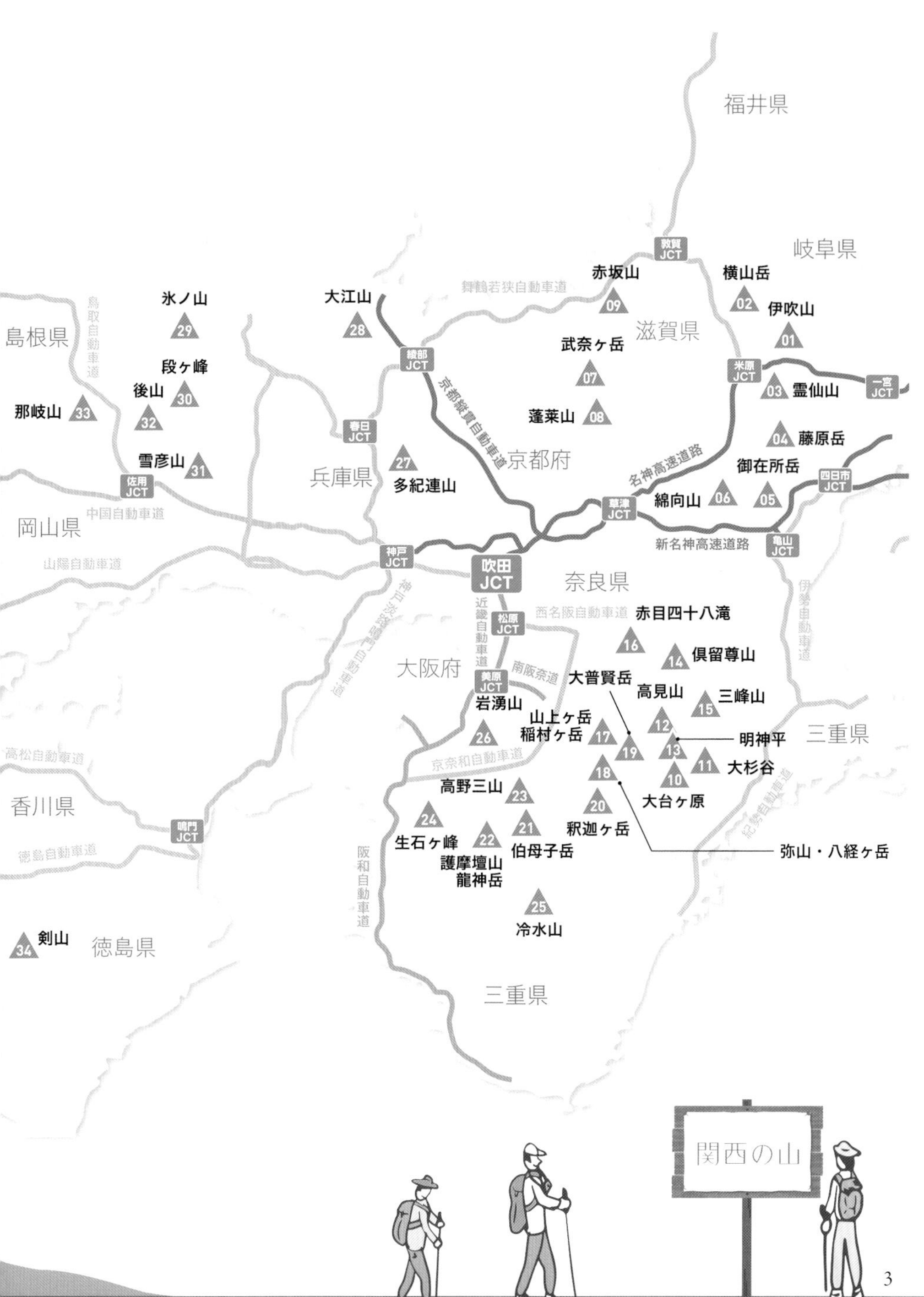

福井県
岐阜県
滋賀県
京都府
兵庫県
島根県
岡山県
奈良県
大阪府
三重県
香川県
徳島県
敦賀JCT
綾部JCT
春日JCT
佐用JCT
神戸JCT
吹田JCT
草津JCT
米原JCT
一宮JCT
四日市JCT
亀山JCT
松原JCT
美原JCT
鳴門JCT
舞鶴若狭自動車道
京都縦貫自動車道
名神高速道路
新名神高速道路
鳥取自動車道
中国自動車道
山陽自動車道
神戸淡路鳴門自動車道
近畿自動車道
西名阪自動車道
南阪奈道路
京奈和自動車道
阪和自動車道
伊勢自動車道
紀勢自動車道
高松自動車道
徳島自動車道
01 伊吹山
02 横山岳
03 霊仙山
04 藤原岳
05 御在所岳
06 綿向山
07 武奈ヶ岳
08 蓬莱山
09 赤坂山
10 大台ヶ原
11 大杉谷
12 高見山
13 明神平
14 倶留尊山
15 三峰山
16 赤目四十八滝
17 山上ヶ岳 稲村ヶ岳
18 大普賢岳
19 弥山・八経ヶ岳
20 釈迦ヶ岳
21 伯母子岳
22 護摩壇山 龍神岳
23 高野三山
24 生石ヶ峰
25 冷水山
26 岩湧山
27 多紀連山
28 大江山
29 氷ノ山
30 段ヶ峰
31 雪彦山
32 後山
33 那岐山
34 剣山
関西の山

本書の見方・使い方

①10 標高 1695m

② 日本屈指の多雨地に広がる山上高原

大台ヶ原（日出ヶ岳） おおだいがはら（ひのでがたけ）

③ 森林 草花 眺望 渓谷

④ 登山シーズン 1 2 3 4 5 6 7 8 9 10 11 12

標高差	歩行時間	歩行距離	問い合わせ先
約250m	約5時間	約7.5km	上北山村役場 07468-2-0001

⑤ 奈良・三重県境、台高山脈

▲眼下に太平洋。正木ヶ原に向かう木道

アクセスガイド

⑥

往復走行距離	約260km
往復時間	約5時間
往復料金（概算）	3080円

⑦ P 大台山上駐車場に約150台。夏期、大台ヶ原ドライブウェイ開通期間は混雑するので、早朝に到着したほうがよい。

⑧ 吹田ICから近畿自動車道へ、松原JCTから阪和自動車道、美原JCTから南阪奈道で葛城ICから終点の新庄出口を出て、そのまま国道165号を桜井方面に、県道37号に入り新鹿路トンネルを進み、小房（交差点）で国道169号を南下、県道40号（大台ヶ原ドライブウェイ）に入り、約20kmで大台山上駐車場に。奈良県北部を通過する際は他にいくつかルートはあるが、いずれも国道169号に出ることに留意。

⑨ 目的地 大台山上駐車場

⑩

44

⑪ コースガイド

展望と森林・苔のあやなす高原を歩く

大台ヶ原は台高山脈南部、日本を代表する多雨地域にどっしりと構える山。最高峰は日出ヶ岳であり、巨大な山上台地を形成し、その山上台地からは東ノ川、大杉谷など、これも日本を代表する深い峡谷を落としている。

大台ヶ原ドライブウェイ（県道40号）の開通する4月～11月に山上駐車場までクルマで上がれば、手軽に山上台地の東半分（東大台）のハイキングを楽しむことができる。

標高1600mほどの大台山上駐車場❶にクルマを置き、まず、最高峰の日出ヶ岳をめざそう。関西はもちろん、全国から登山者がやってくるだけあって、道はよく整備されている。

東ノ川の上流・シオカラ川の源流を巻くように広くゆったりとした道が延びている。なお、10分ほどよけいに時間はかかるが、"大台名物"の苔を眺めながら歩く苔探勝路を回って山頂をめざしてもいいだろう。

40分ほど歩くと稜線の鞍部に出て、南に行けば正木嶺、北に10分ほど登れば日出ヶ岳山頂❷だ。展望台に登れば、北に台高山脈が延々

▲春にはシャクナゲが咲く

▲ササ原と苔むす巨木が大台ヶ原の代名詞

▲晩秋には山頂周辺に樹氷が見られる

10 大台ケ原

⑫ 登山レベル 上級 中級 初級

⑬ 西大台を探勝する　山歩き「サブコース＆+α」アドバイス

上北山村商工会を通じて事前申請などの手続きが必要だが、大台ヶ原西部（西大台）の探勝もハイキング・森林浴に組み入れてみたい（地図――線）。

山上駐車場から西大台を1周する所要時間は約4時間弱。それなりの時間がかかるので、別の機会にその散策を計画するケースもある。ガイドに同行してもらうケースもあるようで、その場合はガイドの案内を受けながらの散策となる。

東の川源流域の清流や湿原、かつての林業開拓の跡地、吊り橋、苔むす森林など、東大台を「動の景観」というなら、西大台はまさに「静の景観」を見せている。

しっとりとした深山の景観に太古の大台ヶ原に思いを馳せ、心落ちつくひとときをすごすことができる。

▲深い森に抱かれた西大台

⑭ 近畿道・阪和道・南阪奈道

45

❶取り上げた山の標高を、小数点以下を四捨五入して示しています。渓谷などは、概ねの標高です。

❷山名（渓谷名など）と、絶景の紹介です。

❸「森林」「草花」「眺望」「渓谷」の4つのジャンルに分類し、主な絶景の特徴を示しています。

❹登山適期を青で、特にお勧めの時期を黄色で示しています。「標高差」は登山口（もしくは最低地点）と最高地点（山頂など）の差、「歩行時間」はのんびり歩いた場合のコース全体の時間、「歩行距離」は全体の距離です。いずれも「おおよその時間や距離」とお考えください。なお、「問い合わせ先」については、その山域の役場や観光協会などの名称と電話番号です。

❺取り上げた山の府県と山域名です。

❻「アクセスガイド」として大阪府の吹田（吹田、吹田本線、中国吹田）ICを起点として登山口までの走行距離、走行時間、料金を示しています。いずれも往復の概数で、料金については休日の普通車、ETC料金を標準としています。

❼駐車場の情報（駐車料金や台数など）についてまとめています。

❽吹田IC（吹田、中国吹田）から登山口までのルートについてまとめています。

❾カーナビ、Google mapなどで検索しやすい目的地を表示しています。

❿吹田から登山口までのアクセスマップです。駐車場は、写真で示しています。

⓫歩く際のコースガイドです。コース中の主な地点については赤で表示し、次ページの「登降イメージ」と対照させています。

⓬登山レベルを「初級・中級・上級」の3つで表示しています。「初級」は2～3時間で歩ける散策コース、「中級」は5～6時間くらいは十分かかる丸1日コース、「上級」は中級レベル以上で、より歩行時間が長い、標高差・累積標高差が大きい、鎖場が多いなどのコースとお考えください。

⓭「サブコース＆プラスα」アドバイスとして、周辺のお勧めコース、"次の機会"にはぜひ訪れたいコースなどをまとめています。次ページの地図で表示できるものは、――線で表示しています。

⓮取り上げた山に行くために使う主要な高速道路を略称で表示しています。

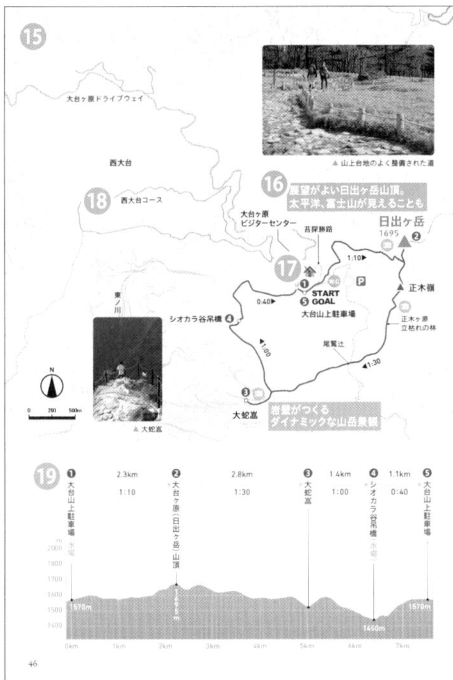

▲ 山上台地のよく整備された道

▲ 大蛇嵓

46

と延び、南東には尾鷲から太平洋の大海原が広がる。西には大峰山脈が龍の背のように連なっている。空気の澄んだ日には、東に遠く富士山を望むこともある。

大展望を楽しんだら南に正木嶺をめざして歩こう。鞍部に下り、木の階段を登りきったところが正木嶺だ。ここから正木ヶ原までは木道が続き、ササの海とトウヒの立枯れが広がる展望のよい道である。

なお、この木道はいったん荒廃した正木嶺・正木ヶ原一帯の植生を復元する意図もあってつくられたものである。

正木ヶ原をすぎ、下りきったところが尾鷲辻。ここから山上駐車場に戻ることもできるが、ぜひ大蛇嵓❸の展望台まで歩いてみたい。尾鷲辻から40分ほどかかる。

圧巻の大展望！

尾鷲辻、さらに牛石ヶ原という平地をすぎてたどりついた大蛇嵓は、峡谷と断崖、まさに圧巻の眺めが広がる。絶壁の岩の先端では、スリップに注意したい。

小雨の降る日や風の強い日はもちろんのこと、特に高所に不安のある人は無理に岩の先端まで行かず、大蛇嵓の岩壁全体を眺められるところまでで十分だろう。

西の眼下に深く東ノ川の大峡谷を落とし、その先には西大台から竜口尾根の緑の稜線、さらにその先に大峰山脈と、日本を代表するような山岳景観が広がっている。新緑と紅葉の時期が特に美しい。

存分に大展望を堪能したら、山上駐車場に戻ろう。大蛇嵓から往路を５分ほど戻ると、北西にシオカラ谷吊橋❹に向かう分岐がある。その道をゆるやかに北に下ること30分ほどでシオカラ谷の吊り橋を渡る。

大蛇嵓が圧巻だったのに比べ、まさに心落ちつく渓流の眺め。水分補給にもよく、渓流に下りてのんびり昼食をとるハイカーも多い。

吊り橋を渡って40分ほどの登りで大台山の家の跡をすぎ、そのまま明瞭な道をたどれば大台山上駐車場❺に着く。

▲ 正木ヶ原、倒木のオブジェ

▲ シオカラ谷源流の清らかな流れ

20 立ち寄りスポット

入之波温泉山鳩湯

帰路、温泉に立ち寄るなら、大台ヶ原ドライブウェイを下り、国道169号の大迫ダムから東に県道224号を数分走ったところにある秘湯・入之波温泉山鳩湯がよい。

山峡のダム湖を眼下に望む温泉は、まさに秘湯気分を満喫できる。

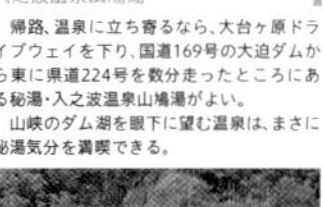

10 大台ヶ原

レベル 中級

近畿道・阪和道・南阪奈道

47

⑮ 登山コースの地図です。取り上げたコースを赤（コースタイムを表示）で、サブコース＆プラスαのコースを緑で表示し、その他の登山道や林道などは破線やグレーなどで表示されています。ちなみに本地図は国土地理院発行の２万５０００分の１地図に準拠しています。

⑯ 特に絶景ポイントは、その特徴を示す色で囲んで表示しています。

⑰ 地図中に右に挙げたようなマーク（記号）でポイントを表示しています。

⑱ サブコース＆プラスαのコースを緑線で示しています。

⑲ 登降のイメージ図です。登り下りのイメージとしてお考えください。

⑳ 車での帰路（場合によっては往路）で立ち寄ってみたいスポットを示しました。

本書のデータは2023年7月末現在のものです。なお、地図に関しては国土地理院発行の数値地図25000（地図画像）をもとに作成しています。

地図中のマーク	
START	スタート
GOAL	ゴール
（線）	コース
（線）	サブコース
P	駐車場
（記号）	水場・水補給場所
W.C	トイレ
（記号）	撮影スポット
（記号）	山小屋・避難小屋・建物
▲	取り上げた山の山頂
▲	山頂
❶❷❸…	コースを歩く順番
◀0:05▶	コースタイム

アクセスガイド地図の記号	
目的地	
目印	神社
郵便局	学校
道の駅	
161 国道	558 県道
高速道路	
IC インターチェンジ	
自動車専用道路	
道順	
JR	私鉄
河川	

※地図中の ----- の表示は、2023年7月現在、工事中などで通行不可となっているコースなどを示している

クルマで

「関西周辺の山歩き」を楽しむために

事故・違反のときの対処を話し合っておく

本書は「クルマで登山口に行く」ことを前提にしています。そこで留意したいことは、まず、数人で一緒に出かけた際の交通事故・違反などへの対応です。日頃の点検などは十分に行っていても、特にクルマで登山口に行く場合は、悪路でクルマの底をゴソッと擦ったり、林道の脇から伸びた木にバンパーやサイドミラーを当てたりする“小さな自損事故”は起こりがち。また、冬の山奥の凍結した道路でのスリップ事故もあり得ます。

もちろん、事故も違反も一義的には運転者の責任ですが、同乗者がまったくわれ関せずとはいえないケースもあるでしょう。自動車保険の扱いはどうなっているか、事故や違反のあと、どう負担し合うかなどを同行者同士、事前に話し合っておきたいものです。

高速道路に慣れない人は？

高速道路に慣れている人はまったく問題を感じなくても、まだ慣れていない人には「どのIC（インターチェンジ）で乗り、どうJCT（ジャンクション）を経由し、どのICで下りるか」は、カーナビを搭載していてもちょっと不安なもの。関西でも、高速道路の入口・出口専用IC、有料・無料の自動車専用道路、また自動車専用の国道バイパスなどは多く、道を間違えるとずいぶん大回りをしたり（これは一般国道・県道・市町村道でも同じですね）、よぶんな高速料金を払ったりしなければならないこともあります。

そんな事態に遭わないようにするには、まずルートマップでどの登山口にどこを通っていくのか、しっかりとイメージしておくことです。頭の中に地図をイメージできるくらいにしておけばOK。そして、「IC・JCTを間違えた！」となっても、あわてないことがいちばん。「急いで登山口に行かないと！」などと、あせらないことです。

迷惑をかけない駐車を！

登山口に十分な駐車場があればいいのですが、十分な駐車スペースがないところ、駐車場から登山口までずいぶん歩かないといけないところもあり、登山口近くの路肩に無理に駐車する人もいます。それは慎みましょう。違反ではなく、他の通行の邪魔にならなければかまわないという考え方もできます。ですが、丸1日、クルマをその状態で放ったらかしにしておくのも不安なもの。ことさらに場所を特定はしませんが、関西でも“車上荒らし”は、そういったスペースに駐車したクルマに多いようです。気をつけたいものです。

Column ❶
思わぬところに災害の爪痕が…

関西とその周辺では、最近では 2019 年の台風 19 号、2023 年の台風 7 号など、いくつかの台風や風水害に見舞われました。林道や登山道、橋、避難小屋、道標などがそうした自然災害に見舞われ、十分に復旧していないケースも想定されます。

必要に応じて、地元役場や観光協会など関係機関に事前に確認しておきましょう。

名神高速道路
新名神高速道路
で 行く

秋の伊吹山ドライブウェイ

01

標高
1377m

関西随一の高山植物の宝庫

伊吹山

いぶきやま

森林
草花
眺望
渓谷

登山シーズン

1 2 3 4 5 6 7 8 9 10 11 12

標高差	歩行時間	歩行距離
約130m	約2時間	約2.5km

問い合わせ先
米原観光協会
0749-58-2227

滋賀県、伊吹山地

▲山麓から伊吹山の山容を見上げる

アクセスガイド

往復走行距離	約 300 km
往復時間	約 4 時間 30 分
往復料金（概算）	10320 円（ドライブウェイ含む）

P スカイテラス駐車場に約500台。山上には他に駐車場はない。

吹田ICから名神高速道路を関ヶ原ICへ、国道365号を北上、伊吹山口交差点（伊吹山口IC）を右折。北に伊吹山ドライブウェイ（有料）を上がり、山上のスカイテラス駐車場に。なお、伊吹山ドライブウェイは、例年11月下旬～４月下旬の冬季は閉鎖される。開通している間も、ドライブウェイの途中で休息できるスペースはない。なお、伊吹山ドライブウェイの普通車の利用は、往復3140円。

目的地
伊吹山スカイテラス駐車場

コースガイド

山上の高原台地を散策

伊吹山は1377mで、湖国・滋賀県の最高峰だ。山頂部は滋賀・岐阜の県境にあり、一等三角点は滋賀県米原市域に置かれている。春から秋にかけては多くの高山植物が咲き誇り、雲上の別天地とも呼ばれている。

山麓の関ヶ原からは山頂直下に向けてドライブウェイが通じている。ドライブウェイの開通期は例年、雪解けの４月の中旬から初雪の降る11中旬で、冬季は閉鎖される。開通時間は季節によって異なり、夏は24時間開けている時期もある。山岳ドライブを堪能し、山上でご来光を拝んで、合わせて高山植物を愛でる贅沢な半日ハイクを楽しめる。

山上台地を１周するコースは、ゆっくり歩いて２時間ほどだ。ハイカーや行楽客も多いので、道は明瞭で迷うことはないだろう。

ただ、伊吹（息吹）の名のとおり天候のよくない日も多く、ひとたび濃い霧に巻かれると方角を見失うこともあるので注意したい。山頂にある小屋などで休憩し、外に出た瞬間に違う方向に歩いて行ってしまうケースもある。

▲ 広い山頂部から琵琶湖を望む

▲ 行楽の人も多いので山頂部は飲食店が充実

▲ 立派なトイレもある

登山レベル
上級
中級
初級

山麓から登るには？

山歩き「サブコース＆＋α」アドバイス

伊吹山への登山路はいくつかあるが、ドライブウェイの歩行が禁じられているため、山麓から歩いて登る場合は米原市の登山口からの表登山道（地図の――線）に限られる。登山口の駐車場（約40台）にクルマを置き、伊吹山スキー場跡に沿った登山道を登る。山麓は標高200mくらいだから、山頂までの標高差は1000mを超え、また、３合目、５合目へと、ぐんぐんと登っていく。６合目付近で登山道が崩れているところがあるが、道は展望がよい。

▲ 山頂から山麓を見下ろす

▲ ニリンソウなど山野草も豊富

夏の猛暑の時期を避け、むしろ春の梅雨入り前か秋の紅葉期に登るのがお勧めだ。

山麓から山頂までは約4時間（下り約３時間）を見ておきたい。山頂部に着き、眼下に歩いてきた道を見下ろせば、滋賀県の最高峰に登った自信も湧いてくる。

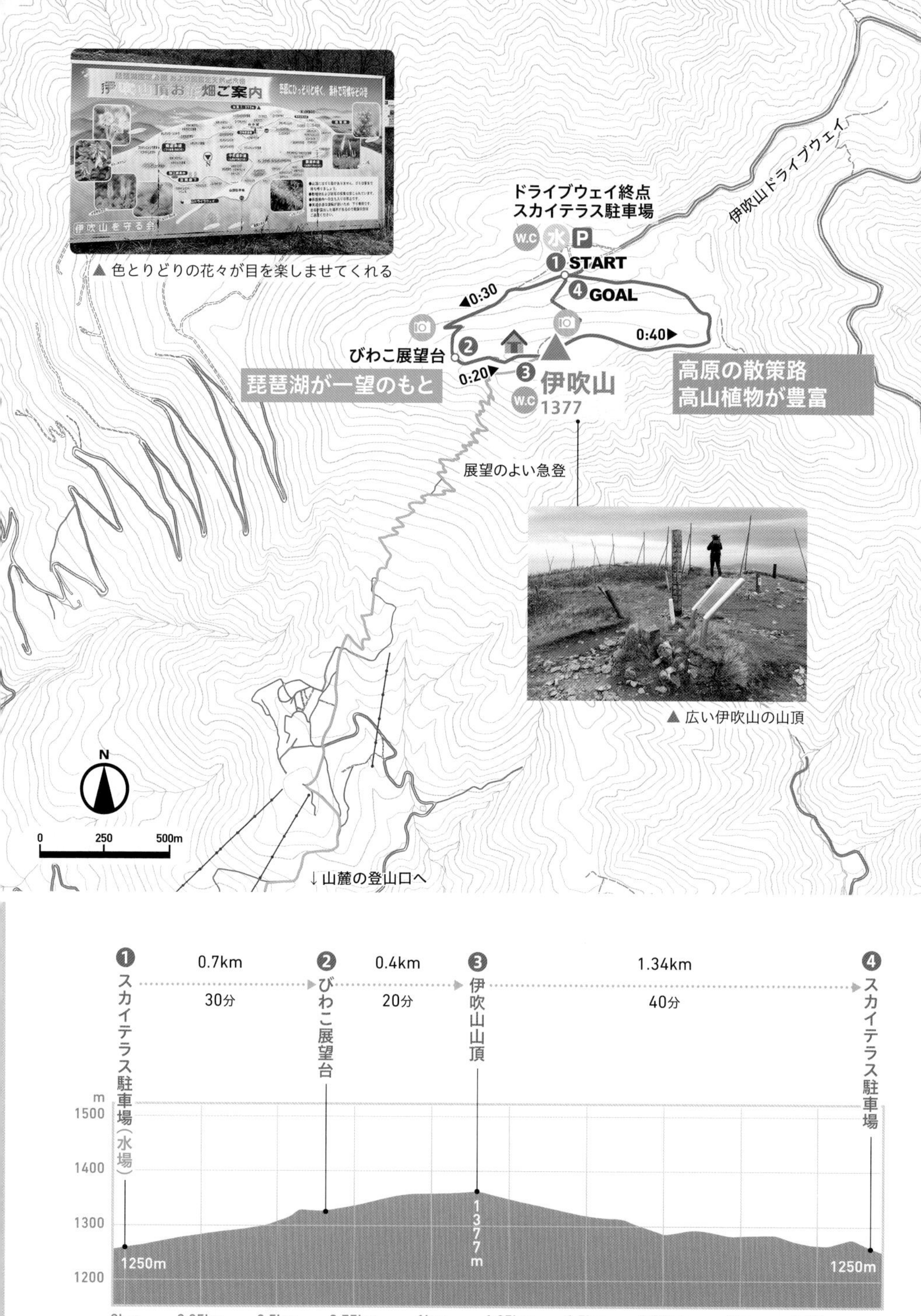

▲色とりどりの花々が目を楽しませてくれる
ドライブウェイ終点
スカイテラス駐車場
W.C
水
P
1 START
4 GOAL
0:30
0:40
0:20
2
びわこ展望台
3
伊吹山
W.C
1377
伊吹山ドライブウェイ
琵琶湖が一望のもと
高原の散策路
高山植物が豊富
展望のよい急登
▲広い伊吹山の山頂
N
0
250
500m
↓山麓の登山口へ
1 スカイテラス駐車場（水場）
0.7km
30分
2 びわこ展望台
0.4km
20分
3 伊吹山山頂
1.34km
40分
4 スカイテラス駐車場
m
1500
1400
1300
1200
1250m
1377m
1250m
0km
0.25km
0.5km
0.75km
1km
1.25km
1.5km
1.75km
2km
2.25km

▲ 山頂部から駐車場、北の山並みを望む

スカイテラス駐車場❶で入山協力金を収め、山上の周回路を歩いていこう。西半分は、**びわこ展望台❷**もあり、終始、眼下に琵琶湖を見下ろしながらの散策道だ。**伊吹山山頂❸**には山頂碑のほか日本武尊の像なども建っている。

また、山頂から駐車場に向けて、直接通じる道もある。天候が悪化した際などは、体力的には物足りなくてもあっさり駐車場まで下山したほうがよいケースもある。

花の名前を覚えつつ……

山頂から東半分は**駐車場❹**まで西半分とともに、高山植物が咲き誇る雲上の楽園である。例年、4月後半にはニリンソウ、コバノミミナグサが咲き始め、5月にはキンポウゲやグンナイフウロ、6月にはイブキシモツケ、7月にはイブキトラノオやニッコウキスゲ、8月にはカワラナデシコ、9月にはツリガネニンジンやアキノキリンソウ、10月にはリンドウと、まさに百花繚乱である。

それら高山植物の名前を1つずつ覚えていくのも楽しいものだ。

なお、最近は雪解け時期も早めで、また、夏の猛暑の影響もあるのだろうか、それぞれの高山植物の開花時期が少し早くなっているようでもある。また、鹿などが踏み荒らしてしまうケースもあるようだ。

そのため、特定の花の群落の開花をねらって行くような場合は、ドライブウェイの開通時期に週ごとに更新される「伊吹山週間開花情報」などを参考にするとよい。(http://www.ibukiyama-driveway.jp)。

山上を周回するだけなら、山上公園を散歩気分で誰でも手軽に楽しめる。

だが、前述したように濃霧には注意したい。ドライブウェイでは晴れていても、山頂部だけが分厚い雲に覆われ、駐車場では真っ白で何も見えないような状況もある。

立ち寄りスポット

関ヶ原古戦場

伊吹山ドライブウェイの入口に近い関ヶ原の古戦場。1600年、徳川家康率いる東軍と石田三成率いる西軍が、天下分け目の戦いを繰り広げた。古戦場には開戦地・決戦地のほか小西行長陣跡、石田三成陣跡、島津義弘陣跡、徳川家康陣跡など歴戦の武将の陣跡や西首塚、東首塚などがある。時間の余裕があれば、一度それらの戦の跡を訪ねてみてもよい。

02

標高 1132m

湖北の双耳峰で花とブナの原生林を満喫

横山岳

よこやまだけ

森林 草花 眺望 渓谷

滋賀県、伊吹山地

登山シーズン

1 2 3 **4 5 6** 7 8 **9 10 11** 12

標高差	歩行時間	歩行距離
約870m	約6時間30分	約8.6km

問い合わせ先
長浜観光協会
0749-53-2650

▲横山岳東峰付近より望む横山岳

アクセスガイド

往復走行距離	約 290 km
往復時間	約 4 時間 30 分
往復料金(概算)	7200 円

P 横山岳白谷小屋前、その手前の舗装地・未舗装の駐車スペースに合計50台程度。小屋周辺に水場、トイレ、登山届ボックスなどがある。

吹田ICから名神高速道路を米原JCTへ。北陸自動車道に入り、小谷城スマートICで下りて国道365線を北へ向かう。

県道281号、国道303号と進み、木之本町の杉野で「横山岳」の標識のあるY字路(右手にJA)を左手に行き、集落のなかを進む。道標のあるY字路を左に行き、網谷林道に入り、細い車道を横山岳登山口白谷駐車場へ。

目的地

横山岳登山口

コースガイド

地元に愛された湖北の名峰へ

標高1132mの横山岳は湖北・長浜市にそびえる双耳峰だ。二等三角点のある本峰の西峰と、東に30分ほど歩いた東峰からなり、古くから山岳信仰の霊峰として栄えてきた。

山頂からの眺めは素晴らしく、琵琶湖に浮かぶ竹生島、余呉湖を望み、尾根にはブナの原生林が広がる。また、早春ならイワウチワ、カタクリ、イチリンソウなどが咲き、初夏にはヤマボウシ、秋には楓の紅葉が美しい。

クルマを停めた横山岳白谷小屋のある地点が、**白谷登山口駐車場❶**である。

主な登山道は、二滝を巡る白谷本流コース、東尾根を目指す東尾根コース、そして山頂から南南西に伸びる尾根に取りつく三高尾根コースの3つのコースがある。ここでは、白谷本流コースを上り、東尾根コースから下山する周回ルートを行ってみよう。

なお横山岳白谷小屋には、横山岳に関する各種の資料などが置かれ、また周辺の山々で見られる花々の写真パネルが掲げられている。小屋のすぐ横に水場がある。

▲ 水音がこだまする経ノ滝

▲ ブナの気持ちよい稜線

▲ 横山岳の稜線から琵琶湖を望む

登山レベル
上級
中級
初級

名神高速道路

三高尾根コースを下る

山歩き「サブコース＆+α」アドバイス

三高尾根コース(地図の――線)を下る場合は、横山岳西峰山頂から南南西の方向に伸びる尾根を鳥越峠へ向かう。

山頂から下る場合、琵琶湖側の景観が開けているが、かなりの急坂が続く。

しばらく下るとイワウチワの群生地となる。まだ残雪のある4月初旬～中旬なら、美しいピンク色の花が目をなごませてくれるだろう。なお、その頃の白谷本流コースはまだ雪が多く残っていることもあり、雪山経験が浅い方にはおすすめできない。

ロープ場もある急坂を1時間半ほど下ると鳥越峠に着く。接している林道は、東に行くと登山時に通過した太鼓橋に通じている。ここはそのまま登山道を下る。

少し行くとコエチ谷に降りる分岐に到着する。南の墓谷山方面には向かわず、標識に従いコエチ方面に下る。

ここもまた急坂だが、途中から林道となり、下りきった地点がコエチ谷登山口だ。ここを左に行くと、10分ほどで白谷登山口に着く。

山頂にある▶三高尾根コースの標識

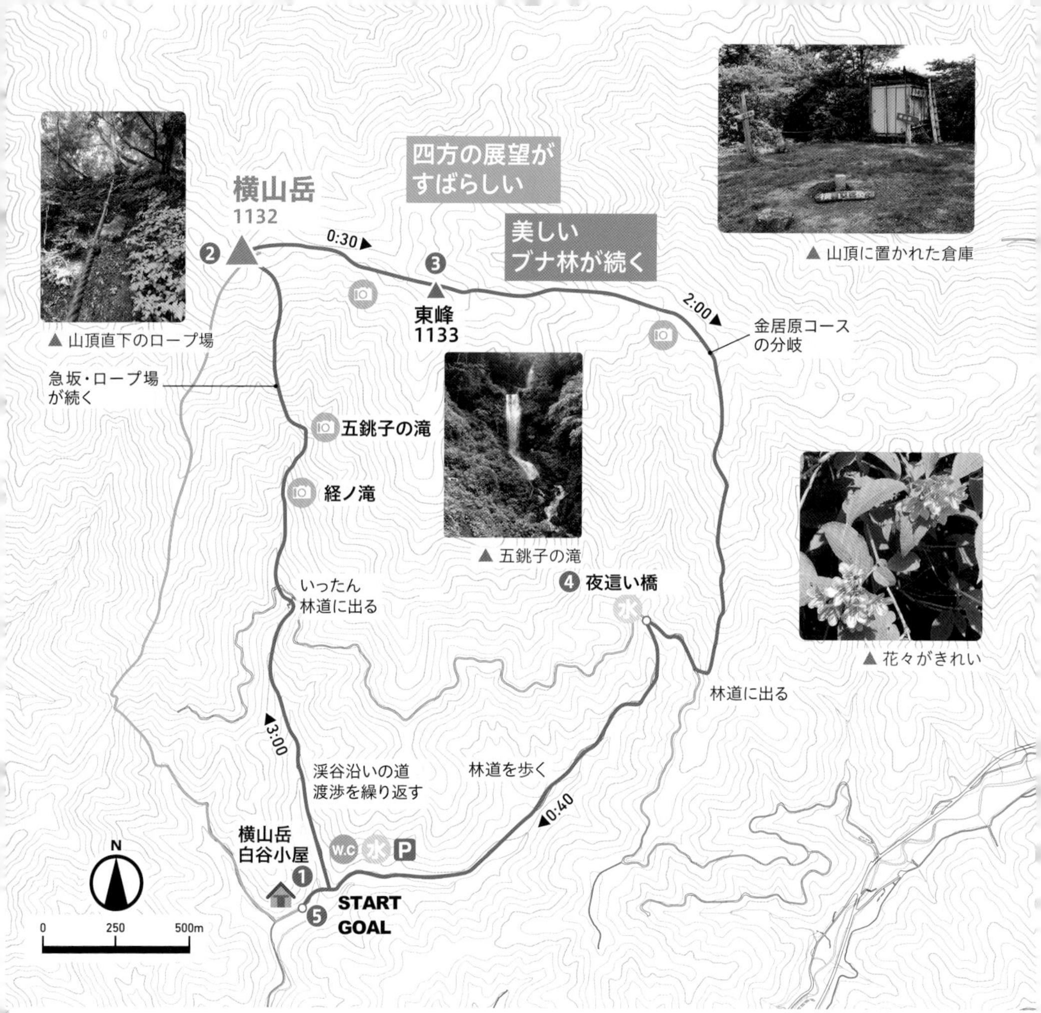

横山岳
1132

② 0:30▶ ③

東峰
1133

四方の展望が
すばらしい

美しい
ブナ林が続く

2:00▶

金居原コース
の分岐

▲ 山頂に置かれた倉庫

▲ 山頂直下のロープ場

急坂・ロープ場
が続く

五銚子の滝

経ノ滝

▲ 五銚子の滝

いったん
林道に出る

④ 夜這い橋

水

林道に出る

▲ 花々がきれい

▲3:00

渓谷沿いの道
渡渉を繰り返す

林道を歩く

▲0:40

横山岳
白谷小屋

W.C 水 P

①

⑤ START
GOAL

N

0 250 500m

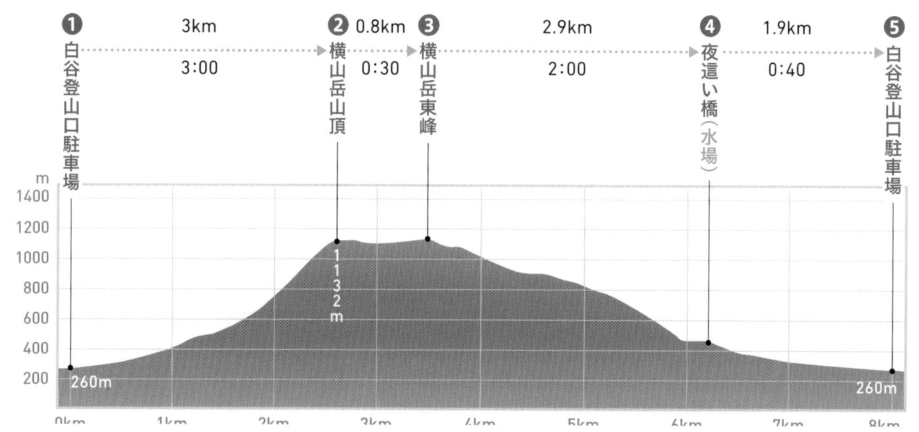

クルマで走ってきた道を離れ、左手、北へと続く林道を行く。林道が終わり、木橋を渡ったり渡渉したりしながら渓谷沿いを約1時間、再び林道に出るあたりが太鼓橋だ。

ガードレールの標識に従い横山岳（白谷本流コース）への道を進む。10分ほどで高さ約17mの経ノ滝に到着する。右岸（滝の左手）を高巻き約40分で、5段に分かれた五銚子の滝に到着する。ここも右岸を高巻く。

しばらく歩き、「横山岳」の標識に従い谷筋から離れる。ここからはロープ場のある急登が続く。山頂までの直線距離は650mほどで標高差で約350m。いかにも厳しい登りだ。

五銚子の滝から山頂までは概ね1時間半。眺望はあまりないが、季節の花々が癒やしてくれる。適度に休憩を入れつつ慎重に登ろう。

ようやく傾斜が緩やかになってくれば、間もなく**横山岳（西峰）山頂❷**だ。広々とした山頂は、樹林に囲まれて視界がさえぎられるものの琵琶湖側の眺望はいい。山頂の片隅にある倉庫に登れば、琵琶湖が見渡せる。

展望と、ブナの森と花々と

西峰山頂からは東側の稜線、東尾根コースを行く。ブナの樹林帯を抜ければ展望が利くようになる。なだらかなアップダウンを30分ほどで1332mの**横山岳東峰❸**だ。山頂は狭いが展望は素晴らしい。琵琶湖に浮かぶ竹生島に余呉湖をはじめ、伊吹山地、奥美濃の山々も見渡せる。360度の大パノラマを楽しもう。

東峰からは素晴らしいブナの樹林帯の下りとなる。方角を南東に変えて少し行ったところが、金居原コースと東尾根コースの出合だ。標識に従い、「東尾根登山口」へと向かう。ここからは急坂の下りになり、舗装された林道に降り立ったところが東尾根登山口だ。右方向の**夜這い橋❹**に向かう。

コースは夜這い橋は渡らず林道を左に下る。舗装されてはいるが、最初はかなりの急坂だ。雨が降ったあとなどはかなり滑りやすいので注意したい。夜這い橋から約40分で、クルマを停めた**白谷登山口駐車場❺**に到着する。

▲ 横山岳東峰から奥美濃の山々を見渡す

▲ きれいなブナ林を下る

あねがわ温泉

横山岳登山口からはクルマで約30分、国道365線沿いにあるのが立ち寄り湯「あねがわ温泉」。純和風の日本庭園を通り温泉施設に入ると、まるで一流旅館に宿泊に来たような気分にさせてくれる。

入湯料は大人980円。天然鉱石風呂のほか、炭酸泉、ジャグジーに露天風呂など、さまざまな湯を楽しみながら、ゆったりとした時間を過ごすことができる。

登山レベル
上級
中級
初級

名神高速道路

03

標高 1084m

鈴鹿北部に広がる広大なカルスト台地
霊仙山 りょうぜんざん

滋賀県、鈴鹿山脈

登山シーズン 1 2 3 4 5 6 7 8 9 10 11 12

標高差	歩行時間	歩行距離	問い合わせ先
約700m	約6時間	約10.5km	米原観光協会 0749-58-2227

▲ たおやかな山頂部をのんびり歩く

アクセスガイド

往復走行距離	約 250km
往復時間	約 3 時間 30 分
往復料金(概算)	5380 円

P 榑ヶ畑にある霊仙山登山口駐車場に10台ほど。満車なら路肩に停めざるを得ない。

吹田ICから名神高速道路を米原ICへ、国道21号に入り、丹生川を渡ったところで右折し県道17号に。上丹生で右折し、醒井養鱒場をすぎ、さらに奥に詰めると、廃村の榑畑(霊仙山登山口駐車場)に着く。
榑ヶ畑の登山口は駐車スペースと休憩所がある程度だったが、最近は林道の修復工事などにより、クルマはその30分ほど手前で停めざるを得ないことも多い。

目的地
醒ヶ井養鱒場、榑ヶ畑

コースガイド

お虎ヶ池、経塚山を経て山頂へ

霊仙山は関ヶ原を隔てて伊吹山と対峙する山。全山石灰岩の山容は山頂部がカルスト地形に包まれ、山麓にはいくつかの鍾乳洞がある。

石灰岩に覆われた山は一定の水量が常時流れる沢を除き、沢筋は伏流水になっている部分も多い。山中では意外に水が確保しにくいことも覚えておいて損はない。

登山口は山体の西側と北側にいくつかあるが、よく登られているのは西面の**榑ヶ畑❶**の廃村からの道。廃村の手前に10台ほどは停められる登山口駐車場がある。

植林に包まれた谷筋の道を上がっていくと、30分ほどで**汗フキ峠❷**に着く。峠の南には落合や今畑といった廃村からの道が通じ(2023年7月現在、林道工事のため通行禁止)、山頂から周回して戻るコースの場合には利用するので、峠周辺の状況を把握しておきたい。

汗フキ峠で一休みして、東に延びる道を上がっていく。峠から１時間ほどは時折、展望は利くが、概ね樹林帯の道。だが、標高900mくらいから徐々に草原の緩やかな道になって

▲ 関ヶ原の向こうにどっしりと構える伊吹山

▲ お虎ヶ池の周辺は休憩によい

登山レベル

上級

中級

初級

名神高速道路

大草原の小さな小屋へ

山歩き「サブコース＆＋α」アドバイス

霊仙山山頂部の一角、経塚山の北東にある展望のよい避難小屋。経塚山からは往復30分ほどなので、時間があれば立ち寄ってみてもよい(地図の――線)。

特にカルスト地形の山上台地は、濃霧や暴風に見舞われたりしたときなどは逃げ場がないだけに、避難小屋の存在は心強い。

避難小屋には水場やトイレはないが、まだ雪の残る早春や冬の訪れが近い11月には、寒風を避けるため、この避難小屋に立ち寄って昼食をとるハイカーもいる。

▲ カルスト地形の山頂部

ここも広い山頂部の一角で、展望はよい。天気がよければ、濃尾平野の向こうに遠く白山や北アルプスを望む。近くにはカレンフェルトの林立する石灰岩のなかに、鹿が草を食む姿を見ることもある。

▲ 山頂周辺から避難小屋、濃尾平野を見下ろす

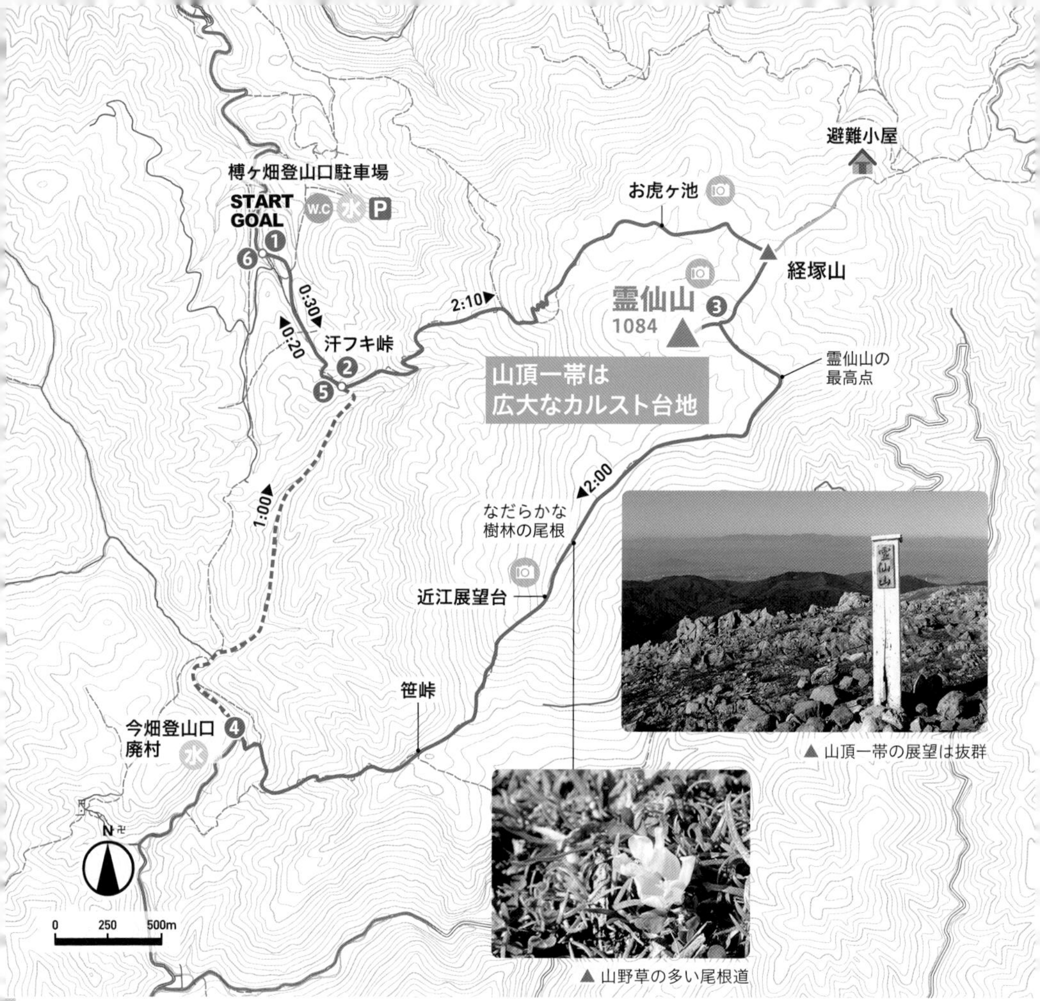

避難小屋
樽ヶ畑登山口駐車場
START
GOAL
W.C 水 P
お虎ヶ池
経塚山
霊仙山
1084
❸
0:30▶
◀0:20
2:10▶
汗フキ峠
❷
❶
❻
❺
霊仙山の
最高点
山頂一帯は
広大なカルスト台地
◀2:00
なだらかな
樹林の尾根
近江展望台
1:00▶
笹峠
今畑登山口
廃村
❹
水
N
0 250 500m

▲ 山頂一帯の展望は抜群

▲ 山野草の多い尾根道

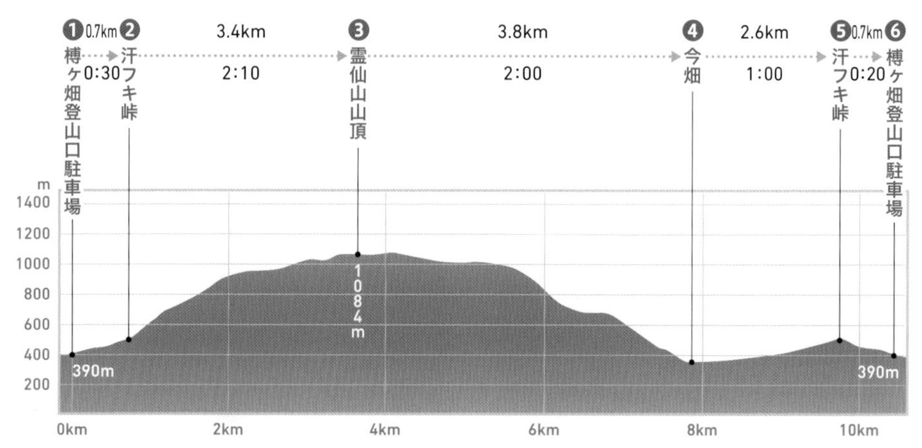

くる。晴れた日には周囲の展望が開けてきて、思わずウキウキしてくるだろう。

カルスト地形の草原のなか、小さな鳥居の傍に池塘がある。お虎ヶ池と呼ばれる小さな池で、一休みするのにちょうどよい。

登山路は池の傍から広い谷状のカルスト地形の窪地を緩やかに登って行く。

登山口から登り始めて２時間半ほどで、広い山頂部の一角に着く。経塚山と呼ばれる山頂で、四方の展望がよい。北東に延びる稜線にある避難小屋は、さながら“大草原の小さな小屋”といった趣がある。

霊仙山山頂❸は経塚山から南西に延びる道を10分ほど歩いたところだ。一帯は、まさに稜線漫歩の趣がある。北に伊吹山の巨大な山体が、ドライブウェイのある大きな尾根を東に延ばしながらどっしりと構えている。眺めも広々として、逆光のなか南に延々と連なる黒々とした鈴鹿山脈が印象的だ。

霊仙山の最高点は山頂のその先に!?

霊仙山の山頂は標高1083.5m。だが、ここが霊仙山のなかで最も標高が高いというわけではない。最高点は山頂から南東に延びる登山道を10分ほど歩いたところにある。

下山はこの最高点を通る西南尾根と呼ばれる尾根に延びる道を下って行く。展望がよく花の多い稜線の道は、最高点から30分強の南霊岳やその南西にある近江展望台まで。展望台から先は高度をぐんぐんと下げていく。

下りきった尾根からいったん小山をトラバースする手前を笹峠という。峠から道は大きな尾根を離れ、小尾根に沿ってジグザグに下ると、廃村・**今畑❹**に出る。

今畑を通る道は県道17号で、北に向かって林道を歩き、さらに大洞谷の渓流に沿う登山道を登っていく。なお、今畑から汗フキ峠の間は林道工事のため、通行禁止となっている。通れない場合は、山上台地のカルスト地形を堪能するなどゆっくりして、お虎ヶ池、汗フキ**峠❺**を経て往路をもどったほうがよい。

▲山頂から最高点、西南尾根方面を望む

▲近江展望台から望む鈴鹿北部の山々

▲樹林に包まれた西南尾根

立ち寄りスポット

醒井養鱒場

榑ヶ畑登山口からの帰り道、クルマで数分の上丹生という集落近くにある醒井養鱒場に立ち寄ってもいいだろう。

釣りを楽しんでもよいが、養鱒場にも周辺にも土産物店や飲食店がいくつかある。下山後においしい鱒料理を堪能すれば、日帰りハイクの最高のエンディングだ。

登山レベル
上級
中級
初級

名神高速道路

04
標高
1140m

初春にフクジュソウ咲く鈴鹿北部の“花の名山”

藤原岳

ふじわらだけ

森林
草花
眺望
渓谷

滋賀・三重県境、鈴鹿山脈

登山シーズン
1 2 3 4 5 6 7 8 9 10 11 12

標高差	歩行時間	歩行距離
約1000m	約6時間30分	約8km

問い合わせ先
いなべ市観光協会
0594-37-3514

▲藤原岳山頂部の藤原山荘に憩う

アクセスガイド

往復走行距離	約 280 km
往復時間	約 4 時間
往復料金(概算)	5980 円

P　2段に分かれた藤原岳大貝戸にある登山口休憩所の駐車場に計約30台。周辺には、他に登山者用・観光客用の無料・有料駐車場がいくつかある。なお、大貝戸休憩舎は宿泊はできないが、トイレや板間、靴の洗い場などがある。

吹田ICから名神高速道路を草津JCTへ、新名神高速道路を新四日市JCTから東海環状自動車道に。大安ICで下り、国道306号へ、西藤原駅周辺で県道614号に、大貝戸休憩所のある駐車場に。三岐鉄道三岐線の西藤原駅がすぐ近くにあるが、三岐線は1時間に1～2本のため、クルマのほうが便がよい。

目的地
大貝戸休憩所駐車場

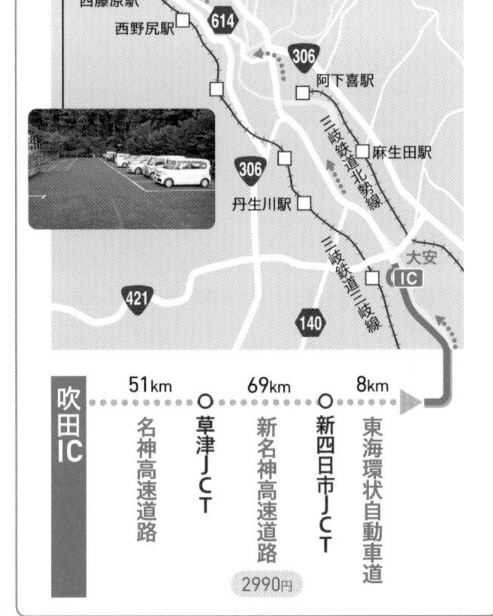

コースガイド

聖宝寺から谷沿いの道を登る

藤原岳は鈴鹿山脈北端の霊仙山、また鈴鹿山脈の最高峰・御池岳と同様に、山頂周辺はカルスト地形の高原台地の山。石灰岩の豊富な藤原岳は山腹にセメント会社の大きな採石場があり、また山上部は春から初夏にフクジュソウ、カタクリなどの山野草に恵まれ、多くのハイカーの目を楽しませてくれる。

名古屋からは近鉄、三岐鉄道を利用するハイカーも多いが、大阪からは時間の制約の少ないクルマ利用のほうが便利である。日帰りできる登山道は東麓からの聖宝寺道と大貝戸道(表登山道)の２本。駐車場は大貝戸休憩所の駐車場のほかに、周辺にいくつかある。

大貝戸休憩所駐車場❶から**聖宝寺入口❷**へは、山麓の散策路を北西に30分ほど歩く。この大貝戸休憩所から北西へ、聖宝寺に至る山麓の抜け道が意外に迷いやすいので、車道・東海自然歩道に出たほうがよい。

聖宝寺の裏から明瞭な道を登っていく。堰堤を越えるところで水を補給しておくとよい。

谷沿いの道は１時間ほどで植林の尾根を

▲ 8合目。傍に雪の危険性を警鐘する看板がある

▲ 藤原山荘のそばにあるトイレ。バックは藤原岳山頂

▲ 山頂から展望は抜群

登山レベル
上級
中級
初級

名神・新名神高速道路

天狗岩にトライ!

山歩き「サブコース＆＋α」アドバイス

藤原山荘から北へ、天狗岩あたりまで往復してくるのも楽しい(地図の―― 線)。天狗岩はカルスト地形の山上台地の北西端に位置し、藤原山荘からは往復で１時間くらい見ておくといいだろう。

▲ 天狗岩も眺めがよい

稜線の道は標高差も10m～20m内外でのんびりできる散策路。春から初夏にかけてフクジュソウやカタクリ、タチスボスミレ、ミヤマカタバミ、アマナなど数多くの山野草や高山植物が咲き誇り、花の百名山にふさわしい趣を見せてくれる。

天狗岩からは西を見れば、どっしりと大きい御池岳から土倉岳、ヒノキ、旭山などへと続く鈴鹿山脈北部の稜線が延びる。

さらに、眼下には鈴鹿山脈を大きくえぐって蛇行する茶屋川と、その渓谷を埋めるような深い森が延々と広がっている。まさに深山幽谷の趣がある。

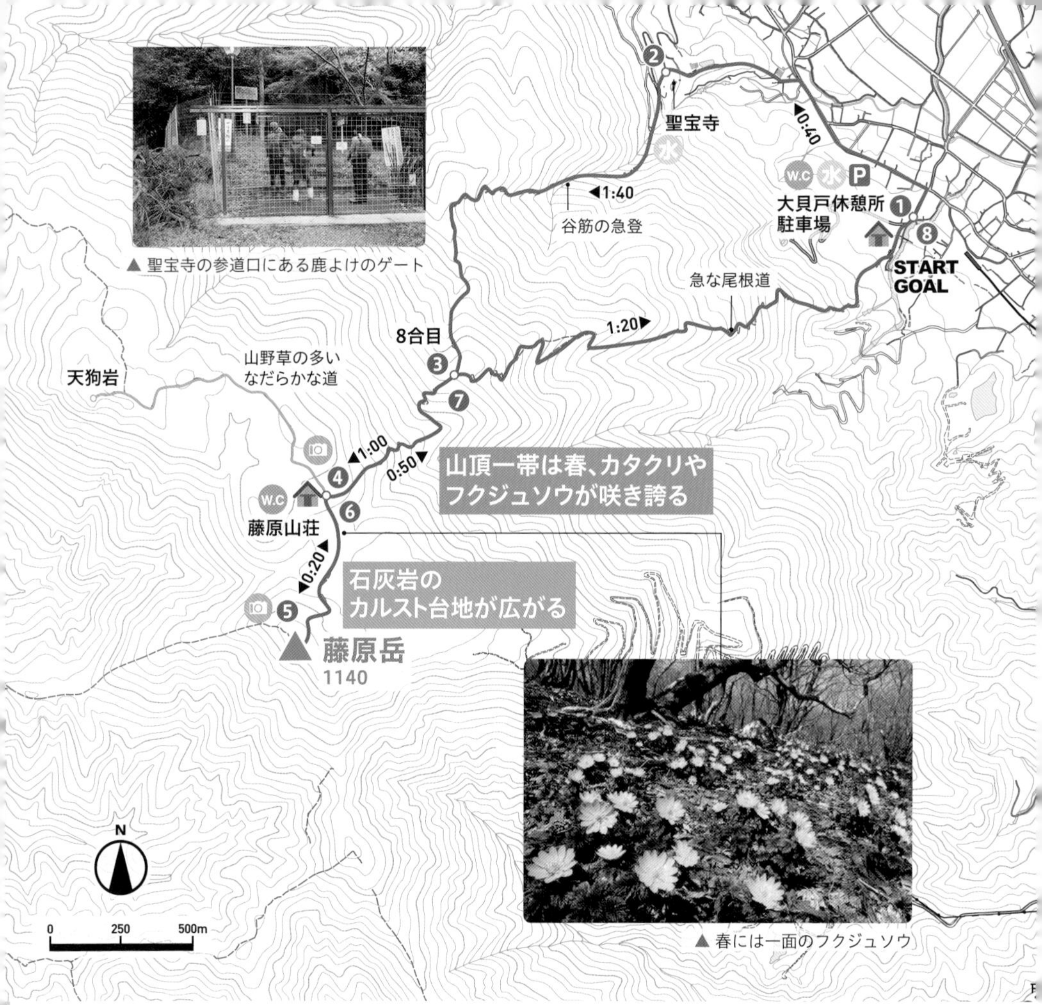

▲ 聖宝寺の参道口にある鹿よけのゲート

聖宝寺
▲0:40
W.C 水 P
大貝戸休憩所
駐車場
START
GOAL
▲1:40
谷筋の急登
急な尾根道
1:20▶
8合目
山野草の多い
なだらかな道
天狗岩
▲1:00
0:50▶
山頂一帯は春、カタクリや
フクジュソウが咲き誇る
W.C
藤原山荘
▲0:20▶
石灰岩の
カルスト台地が広がる
藤原岳
1140
N
0 250 500m

▲ 春には一面のフクジュソウ

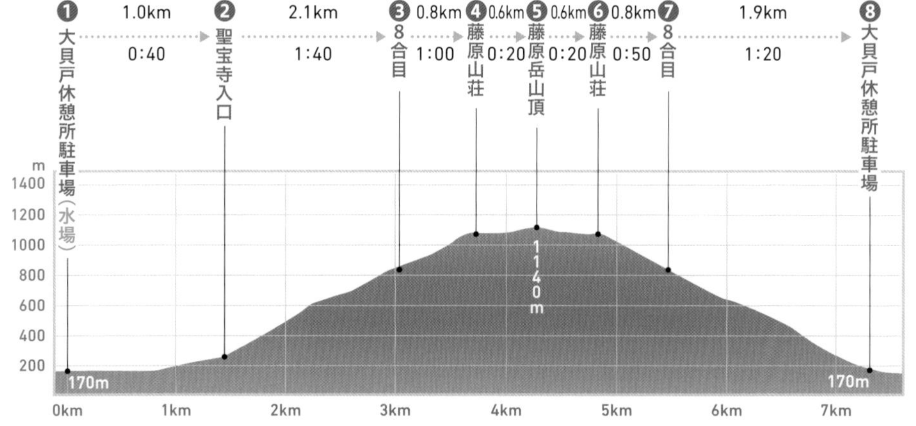

登っていく。小尾根に登ったところが5合目だ。5合目から先は林間の尾根道を、時折、いなべ市の平野を樹間に見ながら6合目へと登る。

明るく開けた台地は**8合目❸**。8合目で大貝戸道と合流する。大貝戸道のほうがハイカーが多く、合流後は道が明瞭だ。

藤原岳は積雪の多い厳冬期を除いて四季を通じてハイカーが多い。だが、8合目から上部は斜面が急になり、周囲の木々もまばらになってくるため、特に新雪の積もる時期は雪崩の多発地帯でもある。その状況に警鐘を鳴らす大きな看板もある。

雪のない時期は、8合目から登るほどに展望が開ける。眼下に大きな濃尾平野と伊勢湾を望みながらの楽しい道だ。

カルスト地形の草原の道は山上台地に近づくと傾斜も緩くなる。歩き始めてから3時間ほどで、鈴鹿山脈の主稜線との分岐にある**藤原山荘❹**という避難小屋に着く。すぐ近くの別棟にトイレがあるのもありがたい。

藤原山荘から**藤原岳山頂❺**へは片道20分ほどの高原の散歩道だ。山荘に荷物を置き、頂上を往復するハイカーも多い。天気のよくない日、風の強い日など、とりあえず山頂を踏んでおきたい場合にはそのほうが安心できる。

山頂では鈴鹿山脈や眼下に広がる濃尾平野、伊勢湾、遠くかすむ白山や御嶽などの大展望を心ゆくまで楽しもう。

大貝戸道を下る

下山は山頂から**8合目❼**までは往路と同じ。聖宝寺道と大貝戸道との分岐で大貝戸道を下る。樹林に包まれた道は秋には落葉を踏み締め、また蹴散らしながらどんどんと下れる尾根道だ。大貝戸道は、聖宝寺道より明瞭で、最初は杉の植林地を抜け、下るにつれて広葉樹の雑木林のなかの道となる。

山頂から下山を始めて約2時間半、道も緩やかになると、**大貝戸休憩所駐車場❽**は近い。

なお、鈴鹿山脈の他の山も同様だが、夏場、特に梅雨時はヒルにやられることがあるので、登山適期ではあるものの避けたほうが無難だ。

▲ 尾根の上のなだらかな道

▲ 山頂部から四日市、伊勢湾を見下ろす

登山レベル
上級
中級
初級

立ち寄りスポット

聖宝寺

帰路に温泉に立ち寄るなら、三岐鉄道北勢線の終点である「あげき駅」に近い「阿下喜温泉あじさいの里」が便利だ。

また、聖宝寺道の登山口である聖寶(宝)寺に帰りがけに立ち寄ってみるのもいいだろう。平安初期からの由緒ある寺で、境内には藤原期につくられたとされる回遊式の庭園や浄土池、山口誓子の句碑や近藤杢の詩碑などもあり、紅葉の名所として知られている。

05

標高
1212m

名湯と岩峰を従えた鈴鹿山脈の主峰

御在所岳

ございしょだけ

森林 草花 眺望 渓谷

滋賀・三重県境、鈴鹿山脈

登山シーズン

1 2 3 4 5 6 7 8 9 10 11 12

標高差	歩行時間	歩行距離
 約820m	 約6時間30分	 約8km

問い合わせ先
菰野町観光協会
059-394-0050

▲ 山麓からピラミダルな山容を望む

アクセスガイド

往復走行距離	約 240km
往復時間	約 3 時間
往復料金(概算)	5400 円

P 御在所岳中道入口近くの駐車場(旧料金所)に約20台。周辺には他に蒼滝公共駐車場、御在所ロープウェイ山麓駅駐車場などもあるが、シーズン中は混雑することに留意したい。なお、中道駐車場以外にはトイレがある。

吹田ＩＣから名神高速道路を草津JCTへ、新名神高速道路を菰野ICで下り、国道477号を西へ。湯の山温泉を見送り、御在所岳中道駐車場(一の谷駐車場)に。

なお、湯の山温泉には公営、私営いくつもの駐車場がある。有料ならロープウェイ駅がよいが、無料のところは、満車になることも多い。

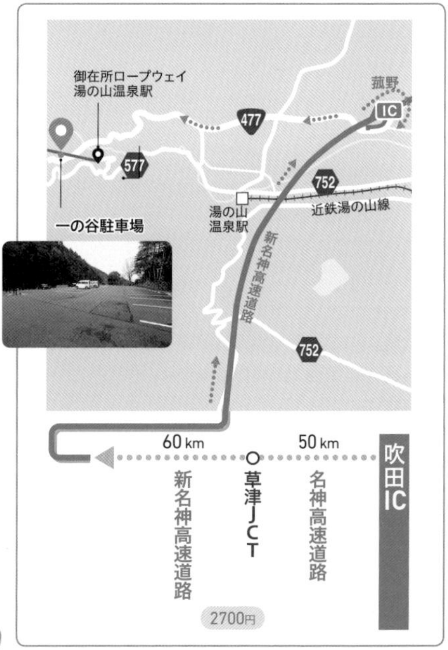

御在所ロープウェイ湯の山温泉駅
菰野
IC
477
577
752
湯の山温泉駅
近鉄湯の山線
新名神高速道路
一の谷駐車場
752
60 km
50 km
吹田IC
新名神高速道路
草津JCT
名神高速道路
2700円

目的地
湯の山温泉

コースガイド

累々とした岩を越えて山上公園へ

御在所岳は鈴鹿山脈で最も登られている山である。湯の山温泉から御在所ロープウェイで山上公園を散策する行楽客もいれば、鈴鹿山脈を代表する藤内壁という岩壁でロッククライミングを楽しむクライマーもいる。まさに老若男女、初心者から熟練者まで多くのハイカーに親しまれている。

登山コースも表道、中道、裏道など何本もある。人気があるだけに安易に考えて登り、道に迷って岩場で立ち往生してしまうハイカーもいる。一歩間違えば遭難となってしまうので、用心したい。毎年、数件は遭難騒ぎがある。

登山と下山で別コースをとり周回するには、中道を通って山頂に登り、山上公園の北にある国見峠から裏道を下るコースが岩場や渓流など変化もあって、お勧めだ。

中道入口そばの中道ルート前駐車場❶(一の谷駐車場)にクルマを置き、中道登山口から尾根を登る。御在所岳に限らず概して岩場の多い道は植林が入りにくく、広葉樹の森が残っている。登り始めて30分強、ロープウェイの下をくぐると、岩場めぐりが始まる。おばれ岩、地蔵岩などの奇岩、6合目のキレットと呼ば

▲ 5合目の展望所。眼下に伊勢平野が広がる

▲ キレット付近を登り下りする登山者

▲ 不思議な姿の地蔵岩

登山レベル
上級
中級
初級

名神・新名神高速道路

ロープウェイから神崎川源流へ!

山歩き「サブコース&+α」アドバイス

山慣れた人と一緒に行くケースに限られるだろうが、御在所岳の山上までロープウェイ(片道1500円)で上がり、北西の神崎川源流を歩くのも趣がある(地図の―― 線)。

▲ 神崎川源流の渓相

御在所岳を陽とすれば、神崎川源流は陰の趣がある。しかし、決して陰湿なものではなく、カツラの巨木がある“鈴鹿の上高地”と呼ばれるところなど、木漏れ日の陽光に包まれた静寂のコースだ。

登山道は荒れ気味なので、夏より晩春や初秋がいい。国見峠から西へ上水晶谷を下り、小峠周辺の神崎川源流域を散策し、根の平峠から国見山に登って国見峠に戻るまで、概ね3時間半ほどを見ておこう。

喧噪の御在所岳とはひと味違う奥山の雰囲気をぞんぶんに味わうことができる。

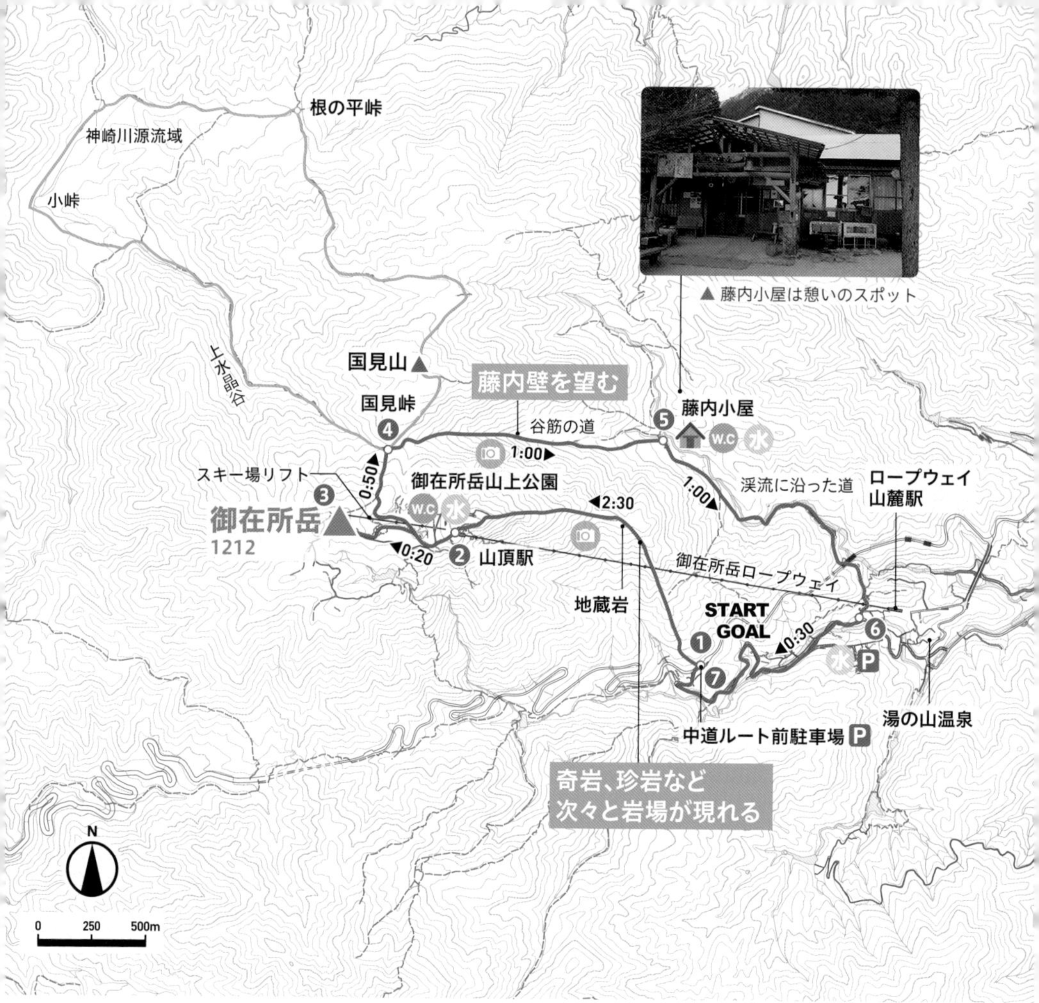

根の平峠
神崎川源流域
小峠
上水晶谷
国見山
藤内壁を望む
国見峠
4
谷筋の道
5
藤内小屋
W.C 水
1:00▶
0:50▶
スキー場リフト
3
御在所岳山上公園
W.C 水
1:00▶
渓流に沿った道
ロープウェイ
山麓駅
御在所岳
1212
◀2:30
◀0:20
2 山頂駅
御在所岳ロープウェイ
地蔵岩
START
GOAL
1
7
◀0:30
6
水 P
湯の山温泉
中道ルート前駐車場 P
奇岩、珍岩など
次々と岩場が現れる
N
0 250 500m

▲藤内小屋は憩いのスポット

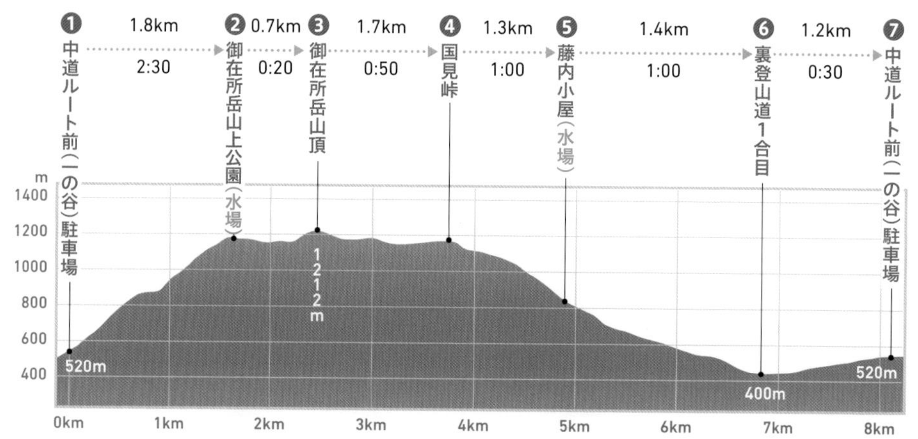

れる難所などが続く。道は明瞭だが、一歩間違えると危険だ。無理に岩場をよじ登ったり、コースを外れたりしないようにしたい。

7合目、8合目と木段、鎖場、鉄バシゴなど変化に富んだ道が続く。初心者でも注意して登れば、怖いというより楽しい感覚で登れるだろう。要所要所で眼下の平野、南に鎌ヶ岳の三角錐の山容など、好展望にも恵まれる。岩場で一息入れるのもいいだろう。

最後のちょっとした鎖場とザレた道をひと登りで、**山上公園❷**の一角にひょっこりと出る。中道登山道入口から山上公園まで岩場と眺望を楽しみながら2時間から2時間半くらいだ。

山上公園から御在所スキー場のリフトに沿った道を登ると**山頂❸**に着く。展望は抜群で、南に鎌ヶ岳、西に雨乞岳が大きい。

なお、山上公園と御在所岳山頂の一帯には登山道のほかにもいくつかの散策コースがある。どこに出るかわからないまま歩いていると、迷うケースもあるので注意しよう。

藤内壁の岩壁を仰ぎ見る

下山は山上公園の北端にある朝陽台から、裏道の案内板にしたがい、約30分で**国見峠❹**。峠から東に裏道を下りて行く。8合目、7合目、6合目と下っていくが、途中、崩壊地の迂回路もあり、道を間違えないようにしたい。

2000年代に入り、関西の山々はどこも何回かの台風など風水害に見舞われている。以前は通れた登山道が崩落したり、倒木に悩まされたりするケースもある。

5合目の手前で藤内壁出合に着くが、南(右手)に天を衝くような藤内壁にクライマーの姿を見ることもある。国見峠から約1時間、累々と岩の転がるガラガラの谷筋を下っていくと**藤内小屋❺**に着く。小屋からは谷に沿う道を約1時間で湯の山温泉と登山口の駐車場をつなぐ車道に出る(**1合目❻**)。旅館街を抜けて約30分で**中道ルート前駐車場❼**だ。

なお、湯の山温泉周辺には有料・無料いくつかの駐車場があるため、駐車した場所によって30分前後、道の登り下りが変わる。

▲ よく整備された広い山頂

▲ 藤内壁の大岩壁を望む

▲ 明るく広けた国見峠

登山レベル
上級
中級
初級

立ち寄りスポット

湯の山温泉

御在所岳の山懐に抱かれた名湯。立寄り湯や共同浴場といった施設はないので、ホテルや旅館に日帰りで入浴できるか尋ねてみるとよい。湯の山温泉の場合は、多くが500円から1500円ほどで日帰り入浴できる。

他の温泉街でも同様だが、「どのホテルや旅館にしようか」と悩む場合は、ひとまず国民宿舎に行ってみるのが料金的にはお勧めだ。湯の山温泉の場合は、広い温泉街の入口あたりに国民宿舎がある。

06

標高 1110m

鈴鹿山系西端の大衆信仰の山

綿向山

わたむきやま

森林 草花 眺望 渓谷

滋賀県、鈴鹿山脈

登山シーズン 1 2 3 4 5 6 7 8 9 10 11 12

標高差 約750m

歩行時間 約6時間30分

歩行距離 約10.1km

問い合わせ先
日野町役場 商工観光課
0748-52-6562

▲ 綿向山山頂から雨乞岳や鎌ヶ岳を望む

アクセスガイド

往復走行距離	約185km
往復時間	約2時間45分
往復料金(概算)	4120円

P 第一、第二、第三に分かれる御幸橋駐車場で合計で70台ほど。

吹田ICから名神高速道路を蒲生スマートICへ。左折して県道41号を進み、市子沖交差点を直進し、そのまま国道477号を進む。
音羽交差点で左折して県道182号に入り、西明禅寺の手前を右折(登山者用駐車場の看板あり)して、御幸橋駐車場へ。

▲ 御幸橋駐車場

目的地 御幸橋駐車場

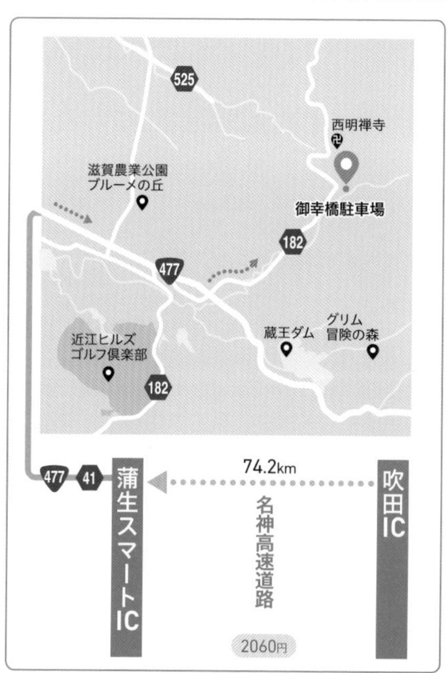

コースガイド

大衆信仰と花の名山へ

綿向山は鈴鹿山系なかで滋賀県側に突き出し、日野町にそびえる。大衆信仰の霊山で、いまも地元の人々に大切にされている山だ。

日野町はかつて養蚕が盛んで、"わたつむぎ"が転じて"わたむき"になったといわれる。冬には樹氷、春から初夏にかけてはクロツグミ、キビタキ、オオルリといった夏鳥の美しい鳴き声、秋には見頃となるワタムキアザミを楽しむために多くのハイカーが訪れる。

山頂には大嵩(おおだけ)神社が鎮座し、その表参道が定番の登山コース。よく手入れのされた歩きやすい道だ。

御幸橋駐車場❶にある「綿向山登山道」の標識に従い川沿いの道を行くと、すぐに水無山北尾根コースとの分岐点にあるヒミズ谷出合小屋に着く。左の綿向山表参道コースを行く。やがて道は、杉林のなかの九十九折となる。

歩き始めて1時間ほど、三合目を通過するとすぐあざみ小屋、さらに20分程度で**五合目小屋❷**だ。よく手入れのされたきれいな小屋で、西側の展望が開け、眼下に湖東の三上山が

ミズヒ谷▶
出合小屋

◀五合目小屋

可愛らしく見える。

ブナの原生林の道となったら間もなく行者堂が祀られる七合目の行者コバ。中世の頃、行者はこの地で服装などを整える儀礼を行ってから、霊山・綿向山に向かったという。

八合目は水無山北尾根コースとの分岐で、少し登ると唯一の水場である「金明水」の標識がある。ルートから数分外れることになるが、ありがたい水場。立ち寄っておこう。

左手上方に稜線の明るさを感じ始めると道は再び九十九折の登り。頂上まではもう一息だ。最後の階段を上がっていくと、シンボル

西明禅寺界隈をそぞろ歩き

山歩き「サブコース&+α」アドバイス

竜王山山頂から林道を突き当たりまで下った地点を右に行けば約200mで西明禅寺に着く。奈良時代に竜王山山頂直下の千畳平にその本坊が創建されたと伝えられる。

歩いてゆくと、まず目に入るのが発掘された蓮台野石仏群。鎌倉から室町時代にかけて近隣庶民が火葬骨を葬り、供養として造立した五輪塔や石仏が並ぶ。

その横には、西明禅寺と同様に修験道者の拠点であった十二神社があり、隣には、平安中期の1053年に竜王山系尾根上に創建されたと伝えられる大安楽寺などがある。

蓮如上人の旧跡とされる鳩摩羅庵跡、地元の沢村氏一族が祖神を祀る徳一大明神祠までは100mほど離れている。

下山途中に少し足を伸ばして、綿向山をめぐる大衆信仰の歴史に肌で触れてみるのもいいだろう(地図の—— 線)。

▲西明禅寺周辺の寺院を散策する

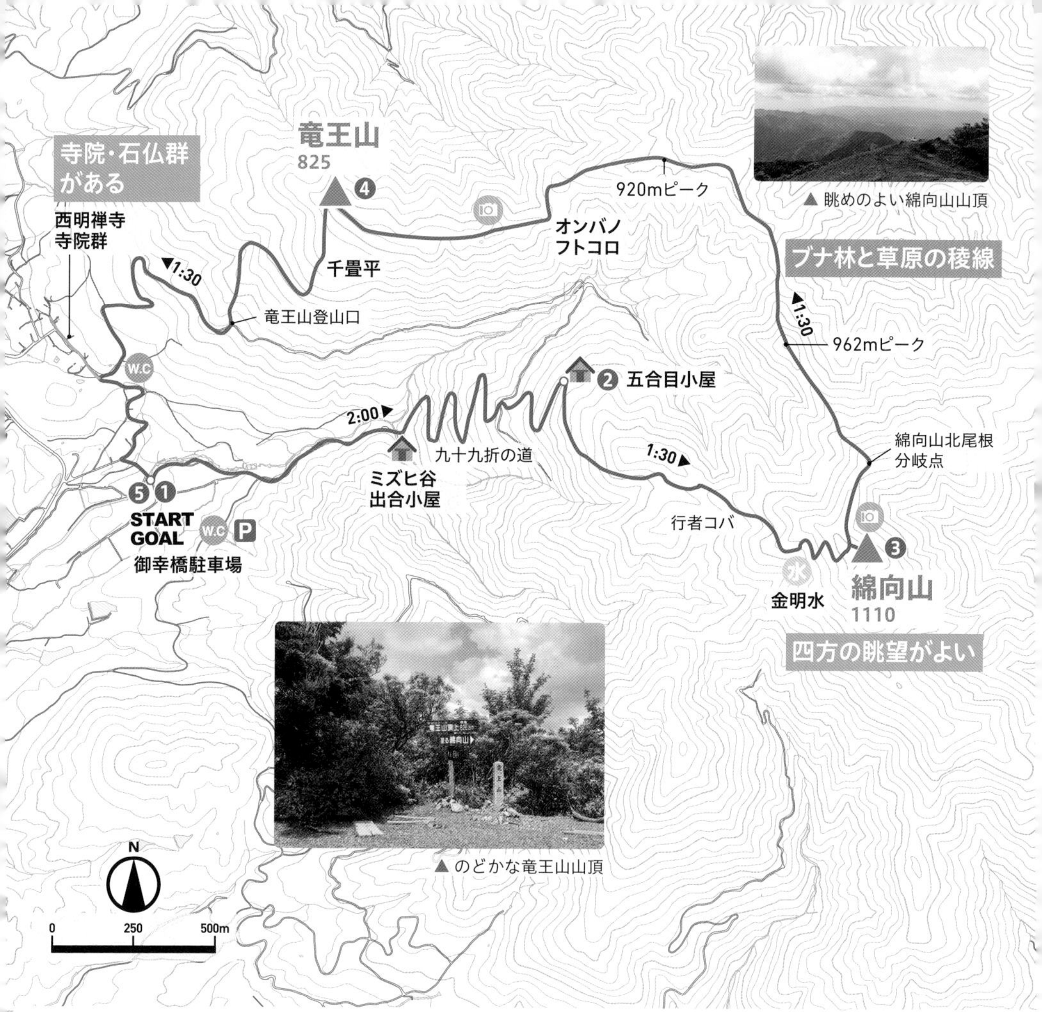

竜王山
825
④
寺院・石仏群がある
西明禅寺寺院群
▼1:30
千畳平
竜王山登山口
オンバノフトコロ
920mピーク
▲ 眺めのよい綿向山山頂
ブナ林と草原の稜線
▼1:30
962mピーク
W.C
2:00▶
② 五合目小屋
九十九折の道
ミズヒ谷出合小屋
1:30▶
綿向山北尾根分岐点
⑤ ①
START
GOAL
W.C P
御幸橋駐車場
行者コバ
③
水
金明水
綿向山
1110
四方の眺望がよい
▲ のどかな竜王山山頂
N
0 250 500m

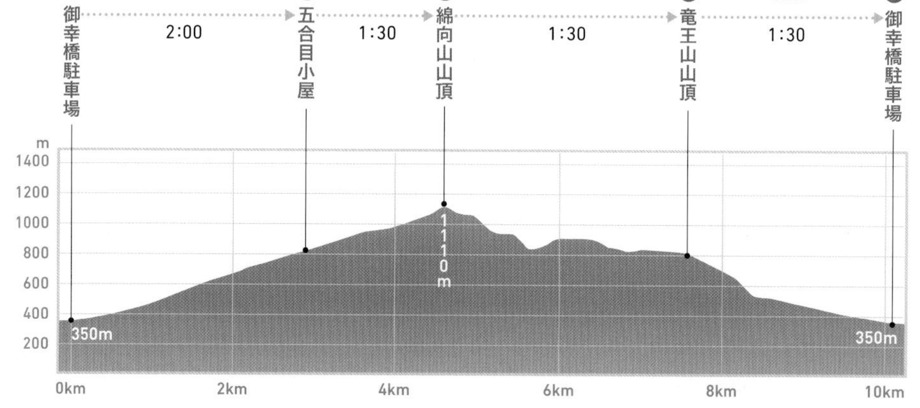

▲近江盆地を見渡す

▲北尾根途中にある珍変木

▲春はツツジが目を引く

▲山頂にある「青年の塔」

▲竜王山に向かう稜線

マークである鳥居とタイムカプセルの埋められた青年の塔が見えだす。**綿向山山頂❸**だ。

山頂からの眺望は素晴らしい。近江盆地が眼下に開け、琵琶湖の向こうには比良連山。東方に目を転じると、目前に見えるのは雨乞岳。その背後には鈴鹿山系の山々。遠く伊勢湾も見渡せる。秋冬の澄んだ日には、北アルプスの穂高岳、木曽御嶽山、さらに恵那山、南アルプスの塩見岳なども遠望できる。

竜王山を経由して下山

下山は竜王山をめざして北方へ尾根を歩く。しばらくは絶景の稜線歩きだ。風雪により幹がアーチ状に変形し、くぐると幸せを呼ぶというブナの珍変木を通過して間もなく分岐に着く。左手に道をとり、急坂を下る。

920mピークに向けて少し登り返し、ブナ・コナラの原生林のなかを楽しみながらオンバノフトコロを越えると、鉄塔のある842mピーク。再び展望が開ける。ここから825mの竜王山山頂までは10分ほどだが、眺望はこちらのほうがよい。振り返ると、綿向山を中心にたどってきた道が一望できる。たどってきた道を感慨深く思い起こすだろう。

竜王山山頂❹からは再び急坂を下る。かつて麓の西明禅寺の本坊があったとされる千畳平を経て、竜王山登山口までは半時間ほどだ。林道を突き当りまで下り、左に行けば40分ほどで**御幸橋駐車場❺**に戻る。

立ち寄りスポット

馬見岡綿向神社

御幸橋駐車場に向かう国道477号線沿いにある馬見岡綿向神社は、欽明天皇6年(545)に綿向山頂に祠を立てたのが始まりとされ、平安時代の796年に里宮として現在の地に移したと伝えられている。現在山頂にある鎮座する大嵩神社は、その奥之宮だ。

境内に15台程度ほど駐車が可能で、気軽に立ち寄ることができる。

07

標高 1214m

端正な草稜が続く比良山系の最高峰

武奈ヶ岳

ぶながたけ

森林 草花 眺望 渓谷

滋賀県、比良山系

登山シーズン	標高差	歩行時間	歩行距離
1 2 3 4 5 6 7 8 9 10 11 12	約910m	約6時間	約8km

問い合わせ先
比良山遭難防止対策協議会
hirasan.otsu.jp/

▲山頂近くから、のびやかな西南稜を眺める

アクセスガイド

往復走行距離	約 150 km
往復時間	約 2 時間 30 分
往復料金（概算）	2740 円

P 坊村集落、安曇川左岸にある葛川市民センター駐車場に約30台。無料だが、休日の遅い時間には満車になるケースもある。

吹田ICから名神高速道路を京都東ＩＣへ、琵琶湖西縦貫道路／国道161号を北上、真野ICで下り、国道477号を北上、途中口（交差点）から国道367号を北上し、坊村に。

そのほか京都市街から国道367号を北上するルートもあるが、京都の市街地や比叡山の西麓、大原周辺を通過する際に、思わぬ渋滞に遭うこともあるので注意したい。

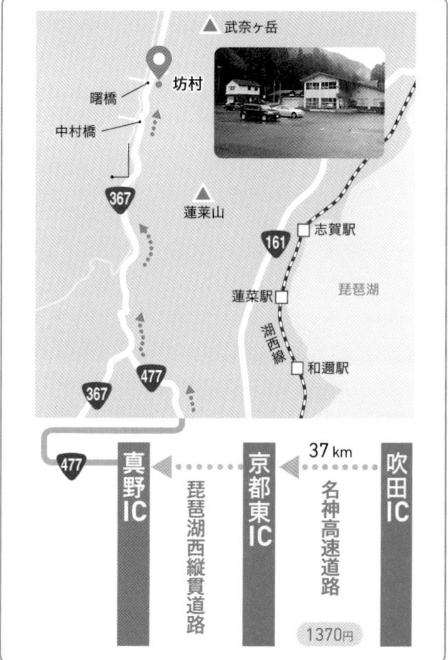

目的地
坊村

コースガイド

植林の急登から雲上の草稜へ

武奈ヶ岳は琵琶湖西岸に延びる比良山系の最高峰である。主稜線からは西に奥まったところにあるので、琵琶湖西岸からその山容を望むことはできない。だが、山頂からの展望は抜群で、東に連なる比良山系の主稜線を望み、西には延々と峰床山や皆子山などの京都北山、若狭・丹波の若丹国境稜線の山々が、幾重にも重なり合う姿を望むことができる。

クルマで行く場合、武奈ヶ岳の南西麓・坊村からの往復が最も手軽なコースだろう。

坊村を流れる安曇川、その左岸にある**葛川市民センター駐車場❶**にクルマを置き、坊村の集落を抜けた明王院の裏手から登っていく。コース中にトイレや水場はないので、坊村集落の入口でトイレを済ませ、十分な水を確保してから登るようにしたい。

コースは途中の御殿山あたりまでは樹林のなかを登る。最初は植林のなかをたどるが、しばらくすると広葉樹林のなかの道を登っていく。途中に夏道と冬道の分岐があるが、雪のない時期は夏道をたどる。

夏道はいったん東側の口の深谷の斜面をトラバース気味に登るが、それでは積雪期に雪崩に見舞われる可能性がある。冬道はそれを避けるためにつけられたのだろう。その夏道

▲ 濃霧の際は道迷いに注意したい

▲ 山頂から南にコヤマノ岳、比良山系を眺める

コヤマノ岳から中峠を周回

山歩き「サブコース＆＋α」アドバイス

▲ ワサビ峠の分岐

時間に余裕があれば、山頂部の南端の分岐を東にコヤマノ岳に向かい、中峠を西に、ワサビ平と呼ばれている口の深谷の源流部に下り、ワサビ峠に戻るコース（地図の――線）を下山時にたどるのもよい。

山頂から直接、西南稜を下るより1時間ほどよぶんに時間はかかるが、武奈ヶ岳の山の大きさを感じ、また、口の深谷の源流部での水の補給も可能だ。

ワサビ平からワサビ峠への約15分の登り返しがちょっときつい。

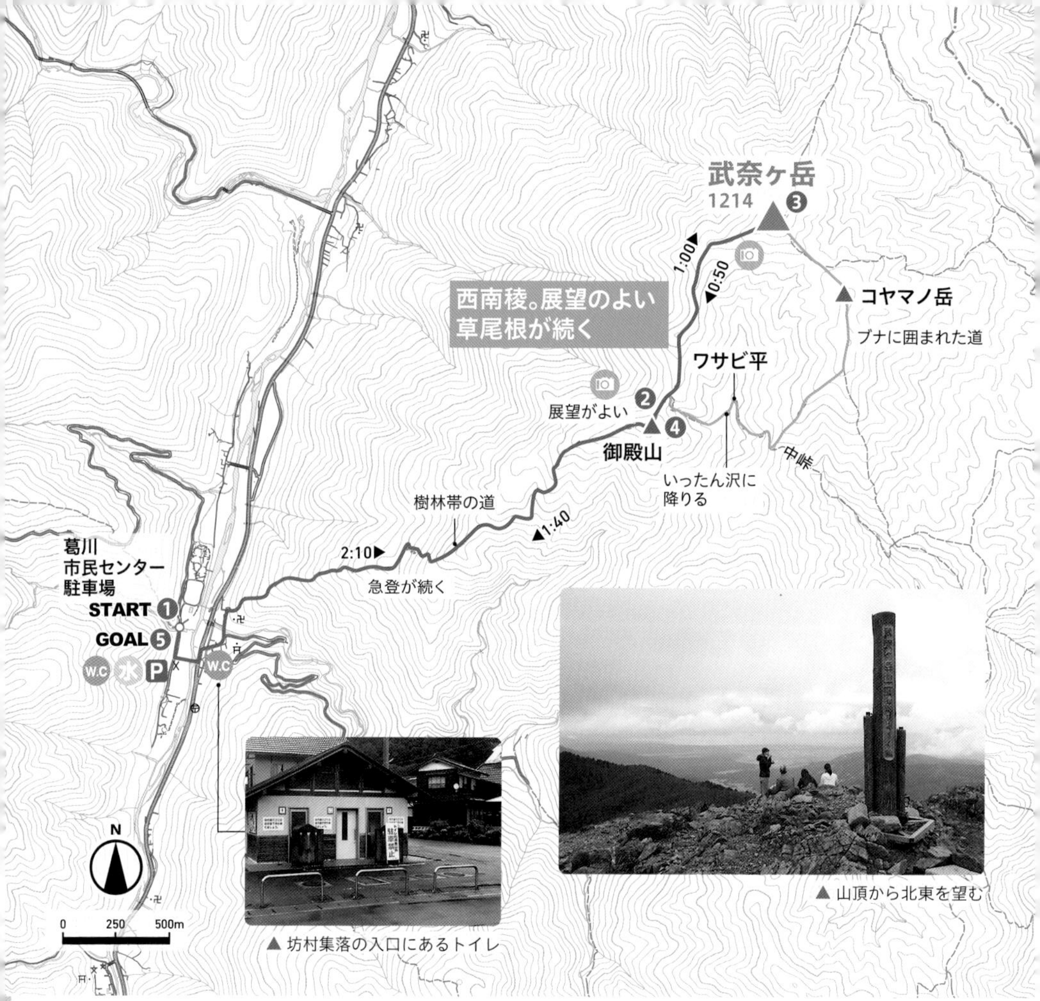

武奈ヶ岳
1214 ③

1:00▶
◀0:50

西南稜。展望のよい
草尾根が続く

▲ コヤマノ岳

ブナに囲まれた道

ワサビ平

展望がよい ②

▲ ④
御殿山

中峠

いったん沢に
降りる

樹林帯の道

▲1:40

2:10▶

急登が続く

葛川
市民センター
駐車場

START ①

GOAL ⑤

W.C 水 P

W.C

N

0 250 500m

▲ 坊村集落の入口にあるトイレ

▲ 山頂から北東を望む

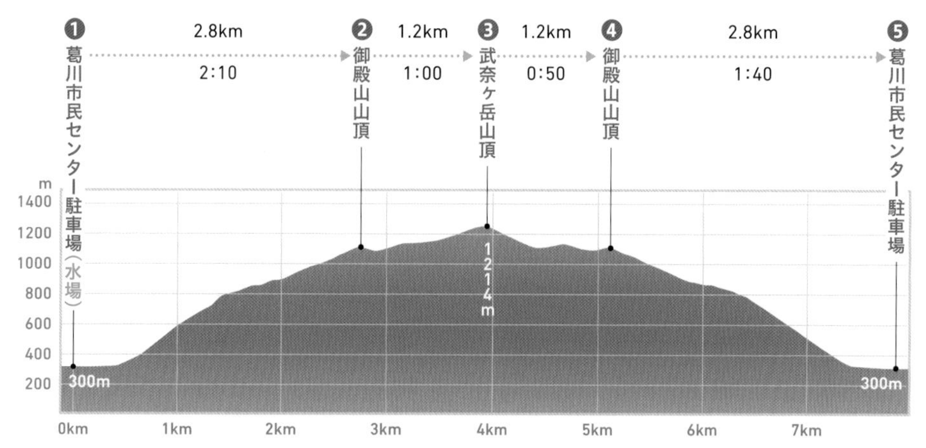

と冬道の分岐以外は、概ね尾根上の道をぐんぐんと上がっていく感覚だ。

歩き始めて2時間ほどで樹間に京都北山の山塊を眺められるところも増え、2時間半ほどで、**御殿山山頂❷**に着く。

御殿山の標高は1097m。眺めはよく、特に山頂周辺からの武奈ヶ岳は、端正かつ優美な山容を見せている。また、御殿山一帯は比良山系の奥深さを感じられるところだ。

北に10分ほど下ると、中峠からの道が合流するワサビ峠に着く。登山道を北に直進すると、いよいよ西南稜に取りつく。

登るほどに灌木から草の稜線に変わり、晩秋には京都北山を覆う雲海の上を歩くような感覚になることも……。

ここまで来れば、山頂まで標高差はさほどないので、初夏には爽やかな風を受けて、のんびり散策気分で歩けるところである。

御殿山からのんびりと西南稜を1時間足らず、東にコヤマノ岳の分岐を見れば**武奈ヶ岳山頂❸**の一角である。

「こんなにたくさんの登山者が登っていたの」かと思うほど多くのハイカーが、四方に広がる展望を楽しんだり、昼食をとったりしていることも多い。比良山系の主稜線のその先に、琵琶湖の光る湖面がまぶしい。

「あえて冬道」を選ぶのは×

下山は往路を戻る。注意したいのは、まず濃霧時の西南稜。踏み跡が多いので、コースを外れると思わぬところに下りてしまって簡単には戻れないこともある。

また、「登りに夏道を通ったから、下りは冬道で下りてみよう」などと安易に思わないことだ。当然ながら、冬道のほうが踏まれていないので、迷いやすい。

御殿山山頂❹を経て、坊村に下山したら、明王院の周辺を散策してみよう。明王院は回峰行の創始者・相応の開基とされた天台宗の修験場。近畿三十六不動尊の第27番札所、びわ湖百八霊場の第18番札所でもある。葛川市民**センター駐車場❺**はすぐそこだ。

▲ 多くのハイカーが行き交う山頂付近

▲ 山頂での憩い。眼下に琵琶湖を望む

▲ 深閑とした明王院の境内

立ち寄りスポット

くつき温泉てんくう

くつき温泉てんくうは、坊村からクルマで国道367号(鯖街道)を北へ約10分のグリーンパーク思い出の森という宿泊やアウトドアなどの多目的施設内にある立寄り湯。

入浴料は750円。てんぐの湯、露天風呂のほか、休日は木の湯、石の湯など、さまざまな湯を楽しむことができる。

登山レベル
上級
中級
初級

名神高速道路

08

標高 1174m

眼下に広がる雄大な「琵琶の海」

蓬莱山

ほうらいさん

森林 草花 眺望 渓谷

滋賀県、比良山系

登山シーズン

1 2 3 4 **5 6 7 8 9 10 11** 12

標高差

約940m

歩行時間

約5時間

歩行距離

約9.2km

問い合わせ先

比良山遭難防止対策協議会

hirasan.otsu.jp/

▲ゆったりと広い小女郎ヶ池と蓬莱山山頂

アクセスガイド

往復走行距離	約 145 km
往復時間	約 2 時間 30 分
往復料金(概算)	2740 円

P びわ湖バレイロープウェイ山麓駅の駐車場。スキー場の駐車場を兼ねているので、1500台ほどが駐車できる。普通料金は平日1000円、土日祝日2000円。

大阪から蓬莱山に向かう場合、名神高速道路から琵琶湖西縦貫道路を利用する場合が多い。吹田ICから名神高速道路を京都東ＩＣへ、琵琶湖西縦貫道路(無料)/国道161号を志賀方面に北上し、志賀ICで県道345号に入り、志賀駅口を右折。県道558号に入り、びわ湖バレイ口を右折し、約2km西に上り、びわ湖バレイロープウェイ山麓駅に着く。

目的地

びわ湖バレイロープウェイ山麓駅

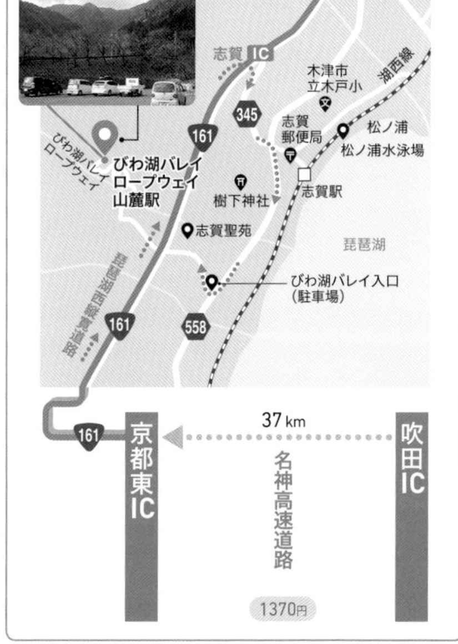

コースガイド

打見山山頂から小女郎ヶ池へ

びわ湖バレイロープウェイ山麓駅駐車場から歩いて蓬莱山に登るには、下山コースで紹介するキタダカ道を登らないといけない。それでは山上で十分に楽しめず、特に夏場は延々と続く登りは堪える。

そこで、ローウェイで約10分、打見山まで登ってしまおう（片道1900円）。そのほうが比良山系の稜線や山懐を堪能できる。

ロープウェイ山頂駅❶から蓬莱山山頂❷までは１時間足らず、びわ湖バレイスキー場に沿った散策道だ。雪解けの４月には、斜面いっぱいに季節の花が咲き乱れる。

草原が続く蓬莱山山頂の展望は広い。山頂の端には地蔵があり、その西には標高800メートル前後の京都北山や若丹山地の山々が広がっている。東に目をやると、眼下には湖国・滋賀を象徴する琵琶湖が大きい。

大津・石山など湖南地方が見えれば、琵琶湖の姿はまさに琵琶のようだ。

遠望できれば琵琶湖の向こうに伊吹山、鈴鹿山脈など、滋賀県を縁取るような山並みが

▲ 眼下に琵琶湖を望む

▲ 蓬莱山山頂から西を望む

登山レベル
上級
中級
初級

名神高速道路

白滝谷源流域を散策する

山歩き「サブコース＆＋α」アドバイス

１日で小女郎ヶ池と白滝谷源流の両方に行くのは健脚向きだが、時間が許せば、また別の機会にでも白滝谷源流（地図の—— 線）も散策してみたい。びわ湖バレイロープウェイ山頂駅から夫婦滝上部の古い休憩舎まで往復２時間半ほどだ。

▲ 清冽な流れの白滝谷源流域

びわ湖バレイスキー場に沿って下り、スキー場最下部の汁谷の出合からおだやかな清流に沿った散策を楽しめる。のんびりした気分で渓流散策、春にはクリンソウがみごとだ。

▲ クリンソウ

なお夫婦滝は２条30メートルほどの美瀑。観瀑してきてもよいが、滝の下流、坊村へと続く道はここ数年の台風・豪雨で荒れ気味で、立ち入らないほうがよい。

ロープウェイ山頂駅に戻ってくる際には、スキー場の斜面の登りが少し堪える。

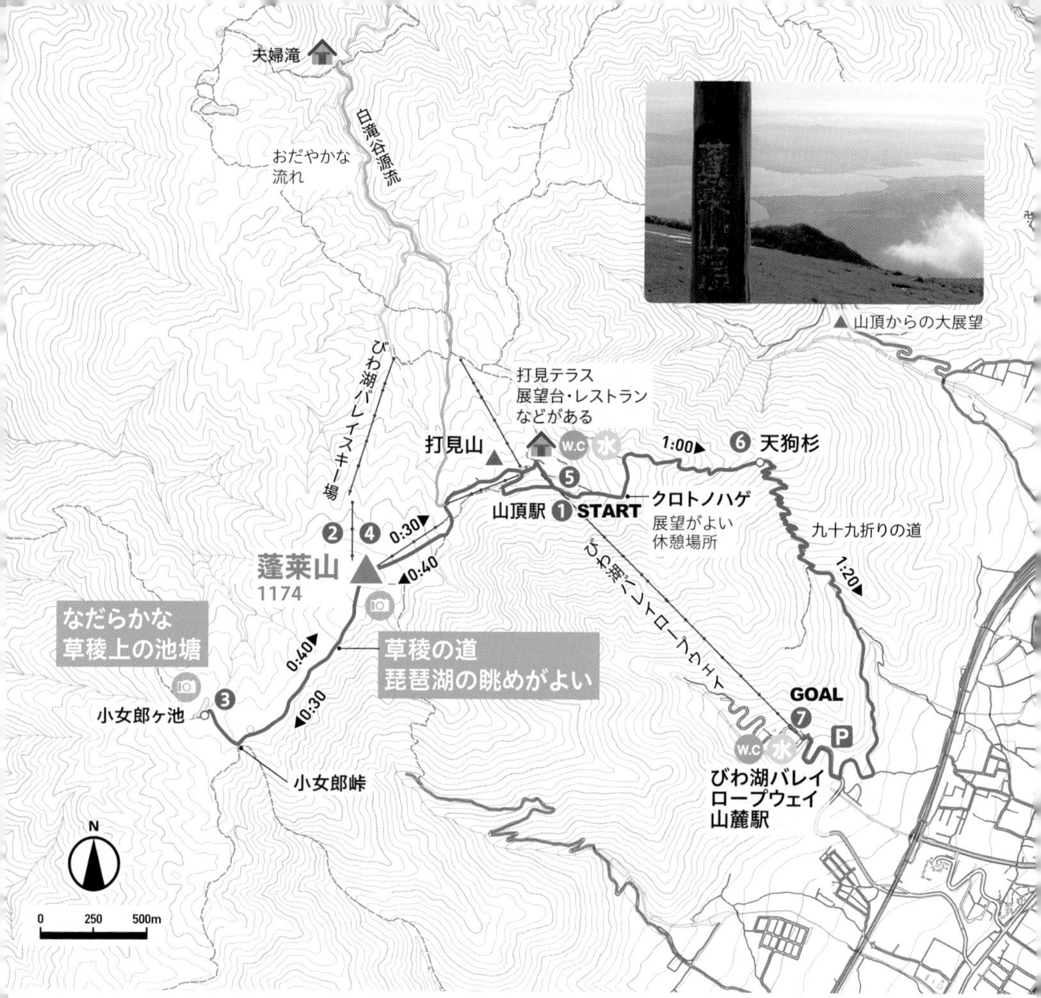

夫婦滝
白滝谷源流
おだやかな
流れ
▲山頂からの大展望
びわ湖バレイスキー場
打見テラス
展望台・レストラン
などがある
打見山
W.C 水
1:00▶
❻ 天狗杉
❺
クロトノハゲ
展望がよい
休憩場所
山頂駅 ❶ START
九十九折りの道
❷ ❹
0:30▶
蓬莱山
1174
◀0:40
1:20▶
びわ湖バレイロープウェイ
なだらかな
草稜上の池塘
草稜の道
琵琶湖の眺めがよい
0:40▶
GOAL
❸
❼
小女郎ヶ池
◀0:30
W.C 水
P
びわ湖バレイ
ロープウェイ
山麓駅
小女郎峠
N
0 250 500m

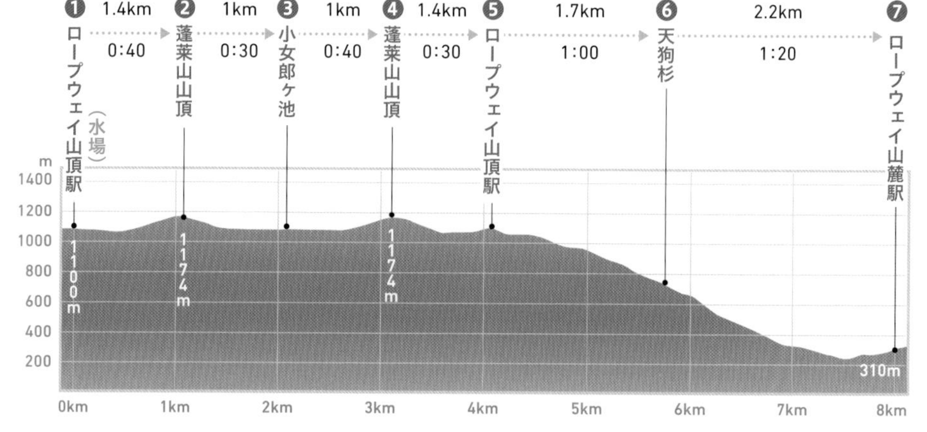

連なり、はるか東に奥美濃の山々、白山や御嶽なども遠望できるだろう。

時間の許す限り、稜線漫歩を楽しもう。蓬莱山から南にササの広がる草稜を30分ほど歩いていくと、小女郎峠。そこから西へ５分ほど歩くと、山上の大きな池に着く。**小女郎ヶ池❸**だ。広い山稜の窪地にできた高層湿原のある池で、霧に巻かれると視界が利かず大変だが、天気がよいと、それこそ爽やかな風に吹かれてのんびりしたい山上の別天地だ。

小女郎ヶ池からキタダカ道へ

小女郎峠から東に小女郎谷に下る道があるが、クルマを停めた場所からは遠く離れてしまうので、下山はいったん**蓬莱山山頂❹**に戻り、キタダカ道コースを下る。

ロープウェイ山頂駅❺そばのリフト脇からジグザクに、初夏なら高山植物の咲く道を下りていくと、30分ほどでクロトノハゲと呼ばれる岩混じりのザレ場の展望地につく。眼下の琵琶湖が相変わらず大きい。

クロトノハゲからさらに小刻みなジグザク道を30分ほど降りていくと、植林のなか杉の巨木に出会う。**天狗杉❻**だ。

鬱蒼とした植林地のなかにあって、ひときわ大きく天を衝いている。

登山道は天狗杉からもさらにジグザグに下りていく。ただ、尾根筋からは離れ、登山道はキタダカ谷に向かって鬱蒼とした植林のなかを下りていくようになる。

天狗杉から30分ほどで登山道はキタダカ谷の堰堤に出て、崩れた林道に出会う。

その林道をのんびり10分ほど下ると、道は左右に分かれる。右手(南)がびわ湖バレイロープウェイ駐車場に向かう道で、左手(東)の林道の橋を渡るほうに向かうのが湖西線志賀駅に向かう道だ。間違えないようにしたい。

分岐を右手に20分、道が左右に分かれ、小さな道標に従って右手に向かうと、**びわ湖バレイロープウェイ山麓駅❼**の駐車場に出る。クルマを停車した場所にもよるが、クルマまでさらに数分〜数十分歩くことになる。

▲ クロトノハゲの展望地

▲ 天狗杉がそびえる

立ち寄りスポット

打見テラス

びわ湖バレイロープウェイの山頂駅にできた打見テラスは、食事もでき、展望抜群で、たくさんの行楽客で賑わうスポット。

ハイカーとしては、のんびり土産物屋などを見て回ったりするほか、急な天候悪化の際には心強い店舗施設だ。

09

標高 824m

琵琶湖と日本海を見渡す高島トレイルを行く

赤坂山

あかさかやま

森林 草花 眺望 渓谷

滋賀県、高島トレイル

登山シーズン
1 2 3 4 5 6 7 8 9 10 11 12

標高差	歩行時間	歩行距離
約660m	約5時間30分	約9.3km

問い合わせ先
マキノ高原
0740-27-0936

▲ 赤坂山から寒風に向かう稜線

アクセスガイド

往復走行距離	約 210 km
往復時間	約 3 時間 20 分
往復料金(概算)	2740 円

P 赤坂山登山者専用駐車場に30台ほど。満車の場合は、約300m手前のY字路の右側(駐車場へは左に行く)周辺に100台以上駐車可能スペースあり。協力金100円は、マキノ高原管理事務所にある売店・ささら庵横の入金箱へ。

吹田ICから名神高速道路を京都東ICへ。琵琶湖西縦貫道路/国道161号を北上し、沢交差点を左折、県道287号を北上し、マキノ町の観光スポットであるメタセコイア並木を通り、左折してマキノ高原へ。
少し行くと、温泉施設さらさの手前の赤坂山登山者専用駐車場に着く。

目的地
赤坂山登山者専用駐車場

コースガイド

高島トレイルの花の名山を歩く

太平洋側と日本海側とを分ける中央分水嶺。琵琶湖の北西部、滋賀県マキノ町から朽木町に至る約80kmにわたる高島トレイルは、その中央分水嶺を走る。その高島トレイルをまたぐ峠道は、かつて商人らが荷物の運搬などで使っていた歴史ある道。この高島トレイルを日帰りで楽しめるのが、マキノ高原から赤坂山と明王の禿をめぐるルートだ。

登山者専用駐車場❶から登山口へは、温泉さらさのところで分岐するY字路を右に、舗装路を約15分登れば着く。

登山口からは風化した花崗岩質の斜面につけられた木組みの階段を登っていく。1時間ほどで東屋のあるブナの木平❷に着く。小さな沢に下り、水場としても利用できる沢沿いをしばらく歩き、沢を離れて再び急斜面を登る。次第に視界が開けると、間もなく粟柄越だ。

展望の開けた明るい草稜を15分も行けば

▲ 展望のよい赤坂山山頂

▲ 岩峰・岩塔が続く明王の禿

赤坂山山頂❸に着く。小さな山頂だが、四方の展望は素晴らしい。分水嶺の日本海側には山並みの向こうに若狭湾。振り返れば美しく輝く琵琶湖が見下ろせる。

明王の禿の岩場へ Go！

赤坂山の山頂から北に明王の禿に向かう。急坂を降りると風化した奇岩が近づいてくる。鞍部から20分ほど登り返せば、明王の禿❹だ。危険箇所には鎖が張られている。赤坂山同様に展望は素晴らしいが、岩場にあまり近づきすぎないようにしよう。

明王の禿から北に高島トレイルは続くが、日帰りであれば来た道を戻るのがいい。花の百名山に選ばれている赤坂山。春から秋にかけてイワナシ、サラサドウダンツツジ、キンコウカ、オオコメツツジ、ヤマジノホトトギス、コウヤボウキなど、季節ごとにさまざまな花々が目を癒してくれる。復路はそうした山野草探しをしながら登山者専用駐車場❺に下る。

登山レベル
上級
中級
初級

名神高速道路

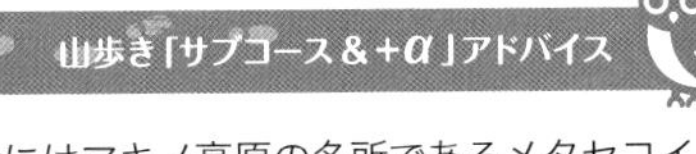

高島トレイルの稜線歩きを堪能

山歩き「サブコース＆+α」アドバイス

高島トレイルの稜線歩きをもう少し楽しみたければ、粟柄越から南に寒風をめざし、寒風と呼ばれる分岐からマキノ高原に下山するルートがおすすめだ（地図の――線）。

総歩行時間としては、1時間半ほどプラスして見ておけばよい。

粟柄越から寒風の分岐へは、開けた草原のなかを歩く、ゆるやかなアップダウンの道。爽快な気分で楽しむことができる。840mの寒風までは1時間少しだ。

稜線からは琵琶湖側の展望が開けている。足元にはマキノ高原の名所であるメタセコイア並木と高原一帯が一望できる。これから下山だ、と名残惜しい気持ちも湧いてくる。

寒風からの下山道は美しいブナの原生林を通る。駐車場まで1時間40分ほどだが、のんびりと余韻に浸りながら歩いていこう。

▲ 寒風から琵琶湖を見下す

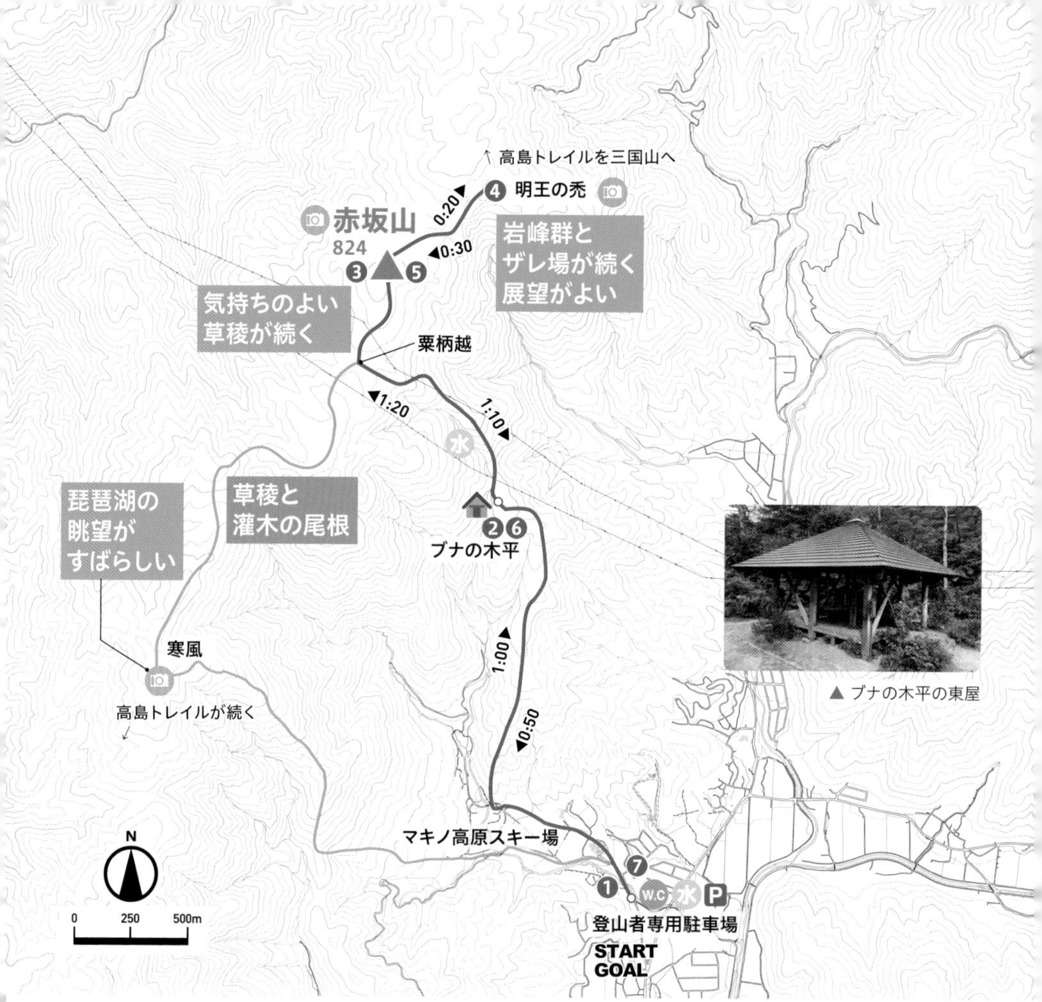

↑ 高島トレイルを三国山へ
④ 明王の禿
0:20
赤坂山
824
③ ⑤
◀0:30
岩峰群と
ザレ場が続く
展望がよい
気持ちのよい
草稜が続く
粟柄越
◀1:20
1:10▶
水
草稜と
灌木の尾根
琵琶湖の
眺望が
すばらしい
②⑥
ブナの木平
1:00▶
◀0:50
寒風
高島トレイルが続く
マキノ高原スキー場
⑦
①
W.C
水
P
登山者専用駐車場
START
GOAL
N
0
250
500m

▲ ブナの木平の東屋

① 登山者専用駐車場
2.2km
1:00
② ブナの木平
1.7km
1:20
③ 赤坂山山頂
0:20
④ 明王の禿
0:30
⑤ 赤坂山山頂
1.7km
1:10
⑥ ブナの木平
2.2km
0:50
⑦ 登山者専用駐車場
m
1200
1000
800
600
400
200
824m
790m
160m
160m
0km
1km
2km
3km
4km
5km
6km
7km
8km
9km

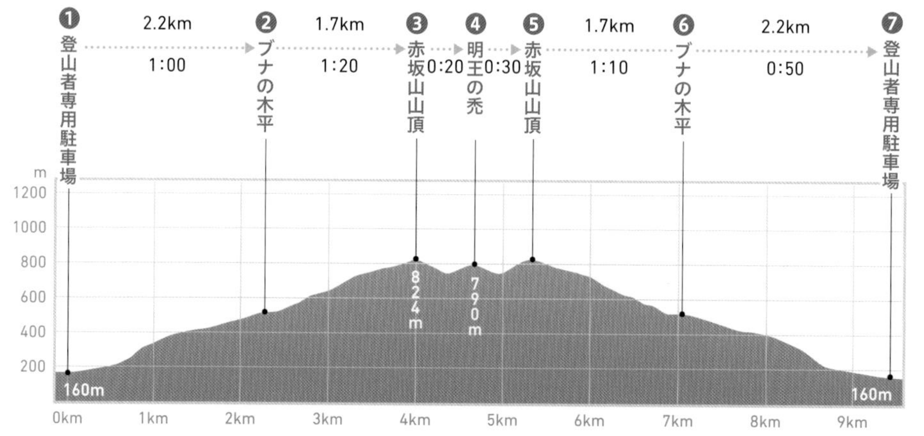

Column ❷
猛暑の時期、標高の低い山は避ける

関西の最高峰は大峰山脈にそびえる八経ヶ岳の 1915m。本書で取り上げた山も、多くが標高 1000m 前後です。一方、ここ数年の夏はまさに猛暑。年々、厳しさを増しています。

標高 1000m に満たない山でこの猛暑は、正直堪えます。本書でも、夏は登山適期ではあるものの、むしろ早春から梅雨前、秋から厳冬期に入る前を登山適期と考えています。

近畿自動車道 阪和自動車道 南阪奈道路 伊勢自動車道 で行く

大台ヶ原ドライブウェイで大台山上へ

10

標高 1695m

日本屈指の多雨地に広がる山上高原

大台ヶ原（日出ヶ岳）

おおだいがはら（ひのでがたけ）

森林 草花 眺望 渓谷

奈良・三重県境、台高山脈

登山シーズン

1 2 3 4 5 6 7 8 9 10 11 12

標高差	歩行時間	歩行距離
 約250m	 約5時間	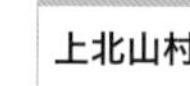 約7.5km

問い合わせ先

上北山村役場

07468-2-0001

▲眼下に太平洋。正木ヶ原に向かう木道

アクセスガイド

往復走行距離	約 260 km
往復時間	約 5 時間
往復料金（概算）	3080 円

P 大台山上駐車場に約150台。夏期、大台ヶ原ドライブウェイ開通期間は混雑するので、早朝に到着したほうがよい。

吹田ICから近畿自動車道へ、松原JCTから阪和自動車道、美原JCTから南阪奈道で葛城ICから終点の新庄出口を出て、そのまま国道165号を桜井方面に、県道37号に入り新鹿路トンネルを進み、小房（交差点）で国道169号を南下、県道40号（大台ヶ原ドライブウェイ）に入り、約20kmで大台山上駐車場に。奈良県北部を通過する際は他にいくつかルートはあるが、いずれも国道169号に出ることに留意。

目的地

大台山上駐車場 

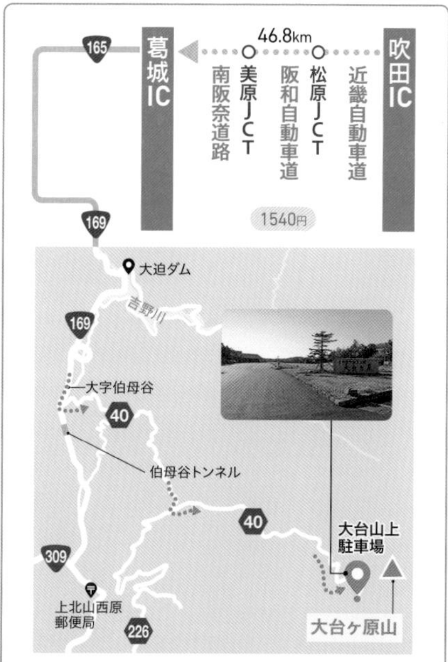

コースガイド

展望と森林・苔のあやなす高原を歩く

大台ヶ原は台高山脈南部、日本を代表する多雨地域にどっしりと構える山。最高峰は日出ヶ岳であり、巨大な山上台地を形成し、その山上台地からは東ノ川、大杉谷など、これも日本を代表する深い峡谷を落としている。

大台ヶ原ドライブウェイ（県道40号）の開通する４月〜11月に山上駐車場までクルマで上がれば、手軽に山上台地の東半分（東大台）のハイキングを楽しむことができる。

標高1600mほどの**大台山上駐車場❶**にクルマを置き、まず、最高峰の日出ヶ岳をめざそう。関西はもちろん、全国から登山者がやってくるだけあって、道はよく整備されている。

東ノ川の上流・シオカラ川の源流を巻くように広くゆったりとした道が延びている。なお、10分ほどよけいに時間はかかるが、"大台名物"の苔を眺めながら歩く苔探勝路を回って山頂をめざしてもいいだろう。

40分ほど歩くと稜線の鞍部に出て、南に行けば正木嶺、北に10分ほど登れば**日出ヶ岳山頂❷**だ。展望台に登れば、北に台高山脈が延々

▲春にはシャクナゲが咲く

▲ササ原と苔むす巨木が大台ヶ原の代名詞

▲晩秋には山頂周辺に樹氷が見られる

登山レベル
上級
中級
初級

近畿道・阪和道・南阪奈道

西大台を探勝する

山歩き「サブコース＆＋α」アドバイス

上北山村商工会を通じて事前申請などの手続きが必要だが、大台ヶ原西部（西大台）の探勝もハイキング・森林浴に組み入れてみたい（地図── 線）。

山上駐車場から西大台を１周する所要時間は約4時間弱。それなりの時間がかかるので、別の機会にその散策を計画するケースもある。ガイドに同行してもらうケースもあるようで、その場合はガイドの案内を受けながらの散策となる。

東の川源流域の清流や湿原、かつての林業開拓の跡地、吊り橋、苔むす森林など、東大台を「動の景観」というなら、西大台はまさに「静の景観」を見せている。

しっとりとした深山の景観に太古の大台ヶ原に思いを馳せ、心落ちつくひとときをすごすことができる。

▲深い森に抱かれた西大台

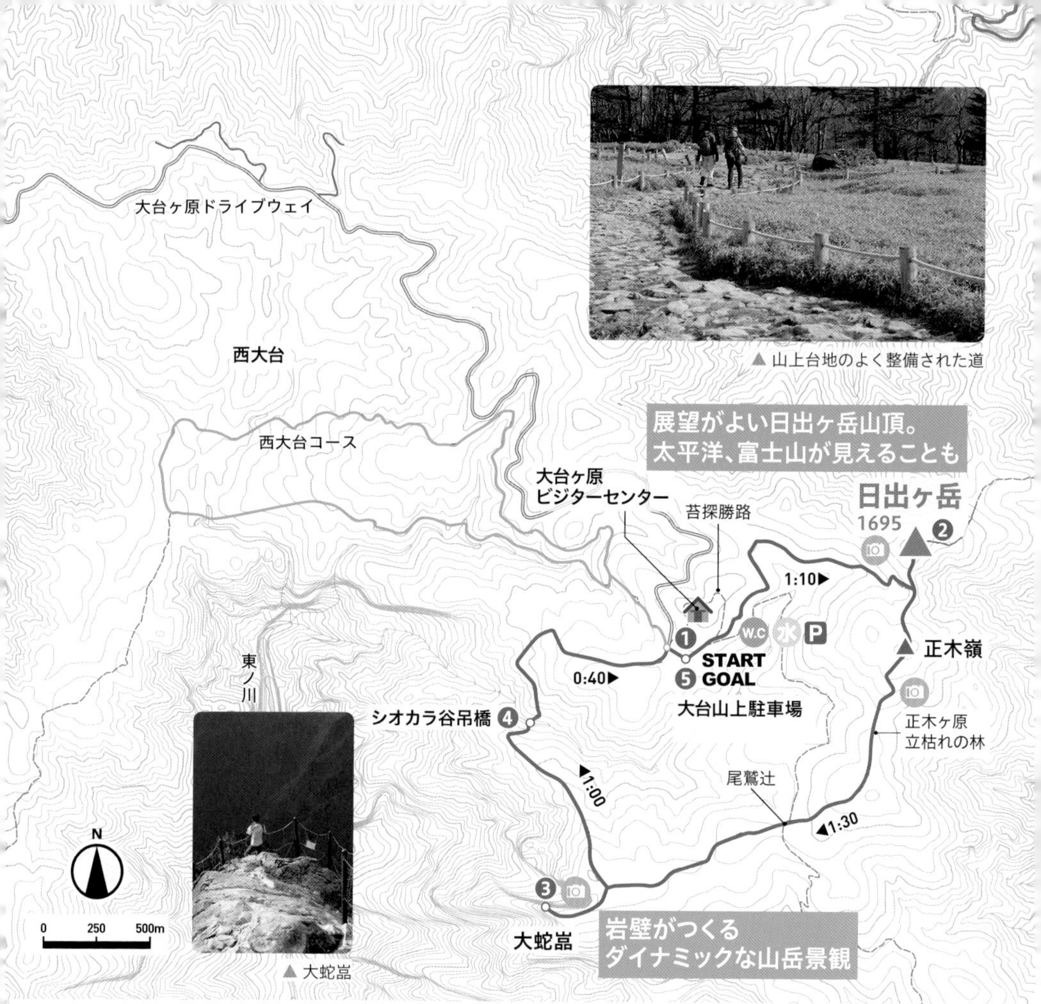

大台ヶ原ドライブウェイ
西大台
西大台コース
大台ヶ原
ビジターセンター
苔探勝路
展望がよい日出ヶ岳山頂。
太平洋、富士山が見えることも
日出ヶ岳
1695
2
1:10▶
W.C
水
P
正木嶺
1
START
5 GOAL
0:40▶
大台山上駐車場
東ノ川
シオカラ谷吊橋 4
正木ヶ原
立枯れの林
◀1:00
尾鷲辻
◀1:30
3
大蛇嵓
岩壁がつくる
ダイナミックな山岳景観
N
0
250
500m

▲ 山上台地のよく整備された道

▲ 大蛇嵓

1 大台山上駐車場（水場）
2.3km
1:10
2 大台ヶ原（日出ヶ岳）山頂
2.8km
1:30
3 大蛇嵓
1.4km
1:00
4 シオカラ谷吊橋（水場）
1.1km
0:40
5 大台山上駐車場
m
2000
1800
1700
1600
1500
1400
1570m
1695m
1450m
1570m
0km
1km
2km
3km
4km
5km
6km
7km

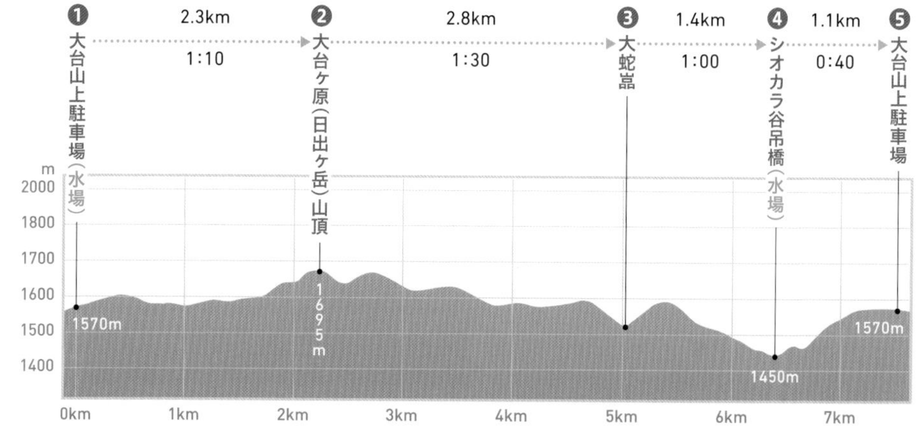

と延び、南東には尾鷲から太平洋の大海原が広がる。西には大峰山脈が龍の背のように連なっている。空気の澄んだ日には、東に遠く富士山を望むこともある。

大展望を楽しんだら南に正木嶺をめざして歩こう。鞍部に下り、木の階段を登りきったところが正木嶺だ。ここから正木ヶ原までは木道が続き、ササの海とトウヒの立枯れが広がる展望のよい道である。

なお、この木道はいったん荒廃した正木嶺・正木ヶ原一帯の植生を復元する意図もあってつくられたものである。

正木ヶ原をすぎ、下りきったところが尾鷲辻。ここから山上駐車場に戻ることもできるが、ぜひ**大蛇嵓**(ぐら)**❸**の展望台まで歩いてみたい。尾鷲辻から40分ほどかかる。

圧巻の大展望！

尾鷲辻、さらに牛石ヶ原という平地をすぎてたどりついた大蛇嵓は、峡谷と断崖、まさに圧巻の眺めが広がる。絶壁の岩の先端では、スリップに注意したい。

小雨の降る日や風の強い日はもちろんのこと、特に高所に不安のある人は無理に岩の先端まで行かず、大蛇嵓の岩壁全体を眺められるところまでで十分だろう。

西の眼下に深く東ノ川の大峡谷を落とし、その先には西大台から竜口尾根の緑の稜線、さらにその先に大峰山脈と、日本を代表するような山岳景観が広がっている。新緑と紅葉の時期が特に美しい。

存分に大展望を堪能したら、山上駐車場に戻ろう。大蛇嵓から往路を５分ほど戻ると、北西に**シオカラ谷吊橋❹**に向かう分岐がある。その道をゆるやかに北に下ること30分ほどでシオカラ谷の吊り橋を渡る。

大蛇嵓が圧巻だったのに比べ、まさに心落ちつく渓流の眺め。水分補給にもよく、渓流に下りてのんびり昼食をとるハイカーも多い。

吊り橋を渡って40分ほどの登りで大台山の家の跡をすぎ、そのまま明瞭な道をたどれば**大台山上駐車場❺**に着く。

▲ 正木ヶ原、倒木のオブジェ

▲ シオカラ谷源流の清らかな流れ

立ち寄りスポット

入之波温泉山鳩湯

帰路、温泉に立ち寄るなら、大台ヶ原ドライブウェイを下り、国道169号の大迫ダムから東に県道224号を数分走ったところにある秘湯・入之波温泉山鳩湯がよい。

山峡のダム湖を眼下に望む温泉は、まさに秘湯気分を満喫できる。

登山レベル
上級
中級
初級

11

標高約 380m

日本三大峡谷の渓谷美を日帰りで味わう

大杉谷

おおすぎだに

森林 草花 眺望 渓谷

三重県・台高山脈

登山シーズン	標高差	歩行時間	歩行距離	問い合わせ先
1 2 3 4 5 6 7 8 9 10 11 12	約110m	約7時間	約9km	大台町観光協会 0598-84-1050

▲深山幽谷の名にふさわしい猪ヶ淵の景観

アクセスガイド

往復走行距離	約400km
往復時間	約5時間
往復料金(概算)	6980円

P 大杉谷登山口駐車場と周辺に30台ほど。登山口そばのトイレ脇には3台ほど。満車の場合は大杉谷登山口駐車場から2kmほど下流の広い駐車スペースに駐車できる。

吹田ICから名神高速道路を草津JCTへ、新名神高速道路を亀山JCTから東名阪自動車道、亀山西JCTから伊勢自動車道、紀勢自動車道に進み、大宮大台ICで下り、県道31号、県道53号を経て約40kmで大杉谷登山口駐車場に。大阪から距離的には国道166号、422号などを経て宮川ダムに向かうのが近いが、いくつもの峠を越えなければならない。

目的地 大杉谷登山口駐車場

コースガイド

断崖をえぐる道と吊り橋と

大杉谷は、関西はもちろん、日本を代表する峡谷で、黒部峡谷(富山県)、清津峡(新潟県)とともに日本三大峡谷の1つとして知られる。その登山コースは通常、山中1泊か2泊(大台ヶ原山上と桃の木山の家など)でたどることが多い。だが、峡谷の入口を早朝に発てば、下流半分だが、日帰りで大杉谷渓谷のエッセンスを堪能することも可能だ。

大杉谷の東の起点、**大杉谷登山口駐車場❶**の先の宮川第3発電所の脇から登り始める。登山道は断崖をえぐって縫うような部分もあれば鎖場もあるが、道そのものは明瞭だ。案内板にしたがってスリップしないように歩けば、困難なルートではない。

登山口から能谷吊橋、地獄谷吊橋という2つの吊橋を渡り、2時間ほどで無人雨量計のある広い河原に出る。

逃げ場のない道を歩いてきただけに、ほっとひと息つけるところだ。ただ、梅雨の時期にはヒルがいて、秋にはマムシがひなたぼっこをしている姿を見かけることもある。

無人雨量計から30分ほど登山道を登って行くと、東屋に着く。**千尋滝前休憩所❷**だ。対

▲ 岩壁をくり抜いたような道を行く

▲ 千尋滝を見上げる

登山レベル
上級
中級
初級

健脚者は桃の木山の家、七ツ釜へ!

山歩き「サブコース&+α」アドバイス

足に自信のある人は、早朝に出発して、猪ヶ淵から往復2時間の桃の木山の家へ、さらに、猪ヶ淵から往復3時間の七ツ釜滝まで日帰りで探勝することも可能だ。

桃の木山の家までなら、平等嵓の大岩壁とその前を通る吊橋、七ツ釜滝までなら、落差120mを7段になって落ちる七ツ釜滝など名勝や見どころも多い。どちらも登山口から日帰りで探勝できるのだが、健脚なハイカーが日の長い時期の早朝に出発する場合にのみ許されること。帰路の日没には十分な余裕を持って入山したい。

▲ 大杉谷の途中にある桃の木山の家

▲ 直瀑のニコニコ滝

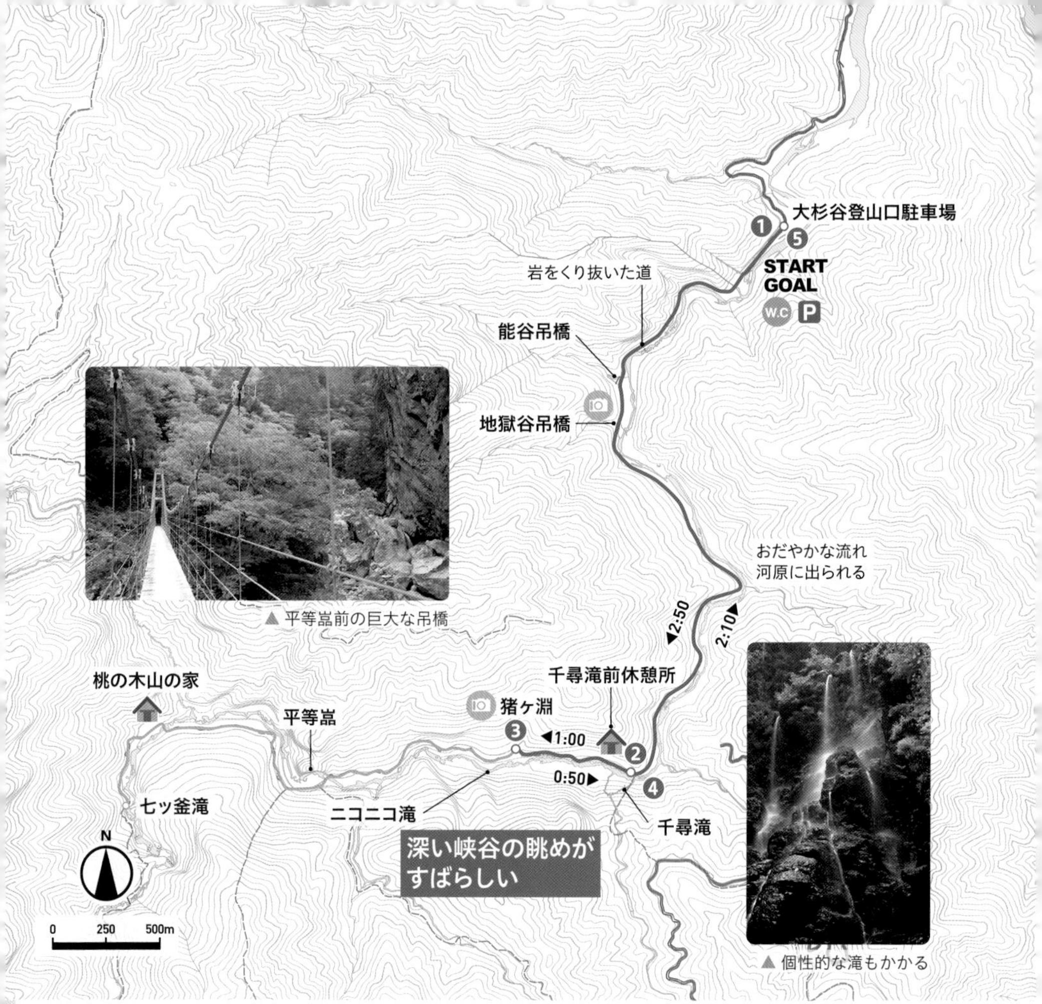

大杉谷登山口駐車場
START
GOAL
W.C P
岩をくり抜いた道
能谷吊橋
地獄谷吊橋
おだやかな流れ
河原に出られる
◀2:50
2:10▶
千尋滝前休憩所
猪ヶ淵
◀1:00
0:50▶
桃の木山の家
平等嵓
七ッ釜滝
ニコニコ滝
千尋滝
深い峡谷の眺めがすばらしい
N
0 250 500m

▲ 平等嵓前の巨大な吊橋

▲ 個性的な滝もかかる

岸の岩壁の高くから階段状に落ちている瀑布。落差は130mとも160mともいわれ、頭上から千尋谷の森に落ちているので正確にはわからない。落ち口をぼうっと見上げるだけ。壮大な滝景観に呆気にとられるだけだろう。

道は千尋滝からも断崖を縫うように延びている。ただ、黒部峡谷のように断崖から飛び出した木道と鎖だけを頼りに歩く道ではないので、のんびりと幽谷の景観を愛で、堪能しながら登っていこう。

登山道は千尋滝前休憩所から１時間ほどで、峡谷の川岸に下りるようになる。通称クグリといわれる岩の間を抜けると、両岸を断崖に覆われた大きく深い淵が現れる。**猪ヶ淵（シシ淵）❸**と呼ばれる大杉谷の一大スポットだ。

猪ヶ淵の奥に、大杉谷の支流から垂直に落ちているのは落差100mほどのニコニコ滝。

猪ヶ淵に日が差し込んでいなくてもニコニコ滝には日差しが降り注いでいる。そのコントラストがことのほか美しい。

登山口から猪ヶ淵までは４時間足らず。休憩に最適で、多くのハイカーが昼食をとったり記念写真を撮ったりする、まさに立ち去りがたいような大峡谷の憩いの場だ。

往路を戻るときの留意点

猪ヶ淵でゆっくりしたら往路を**千尋滝前休憩所❹、大杉谷登山口駐車場❺**へと戻ろう。コースは同じだが、日差しは東から西へと変わるので、同じ峡谷・瀑布の景観でも趣が異なる。きっと、往路よりは少し落ち着いた気持ちで峡谷美を楽しむことができるはずだ。

注意したいのは、疲れもあるためか下りのほうが小石に足をとられて転んだり、スリップしたりするケースがあることだ。

また、下山の際には、登ってくるハイカーとのすれ違いにも注意したい。

登山道では原則、登り優先である。安易にすれ違うのではなく、すれ違えるところを見つけて待つことも心がけたい。

特にトレッキングポールや大きめのザックを背負っている場合などは用心したい。

▲ 地獄谷吊橋を注意して渡る

▲ 登山口近くのおだやかな渓相

立ち寄りスポット

道の駅・奥伊勢おおだい（奥伊勢テラス）

道の駅・奥伊勢おおだいは、予約が必要なバスで大杉谷登山口に向かう場合はもちろん、クルマでも大杉谷探勝の起点になるところ。土産物屋、レストランなどとともに、大杉谷のある大台町の観光案内所（大台町観光協会＝奥伊勢テラス）もある。

多雨地域だけに、道路状況や登山道などの状況を確認するのもよいだろう。

登山レベル
上級
中級
初級

名神・新名神高速道路・東名阪道・伊勢道・紀勢道

12

標高
1248m

多くのハイカーが訪れる樹氷の鋭峰

高見山

たかみやま

森林 草花 眺望 渓谷

奈良・三重県境、台高山脈

登山シーズン

1 2 3 4 5 6 7 8 9 10 11 12

標高差	歩行時間	歩行距離
 約430m	 約3時間	 約4km

問い合わせ先
東吉野村観光協会
(東吉野村役場)
0746-42-0441

▲ 山頂から西、吉野・金剛・葛城の山々を望む

アクセスガイド

往復走行距離	約 200 km
往復時間	約 4 時間
往復料金(概算)	3080 円

P 高見峠(大峠)にある高見峠駐車場に20台ほど。ちなみに山中にトイレはないので、登山口駐車場ですませておくとよい。

吹田ICから近畿自動車道へ、松原JCTから阪和自動車道、美原JCTから南阪奈道で葛城IC、終点の新庄出口から、国道165号を東へ、忍坂東(交差点)で166号に、高見トンネルを抜けた東出口で右折、高見林道を上がっていくと、高見峠(大峠)駐車場に着く。
高見トンネル西出口の手前から高見峠へ向かう道もあるが、通行止の表示がある。

目的地
高見峠駐車場 

コースガイド

ブナの疎林を抜け、好展望の山頂へ

高見山は三重・奈良県境の南部に延びる台高山脈の北の主峰で、その秀麗な三角錐の山容は山麓を伊勢街道（国道166号）が通ることもあり、古くから和歌に詠われた山である。日帰りで登るには高見峠（大峠）からが便利で、西の小峠を結べば、周回コースとしてハイキングを楽しむことができる。

高見峠駐車場❶にある鳥居をくぐって、いきなりの急登が続く。

山頂までの標高差は約350m。大きな岩場や鎖場、登り下りのない一般的なハイキング道の場合、300mの標高差があれば１時間くらいはかかるから、山頂までは１時間ほどと見ておくといいだろう。

樹林帯の急登だが、広葉樹の森は見通しが悪いわけではなく、ところどころで南に明神岳や池木屋山など延々と台高山脈が延びている姿を見ることができる。

展望が開けてきたら、すぐ目の前が高見山山頂❷だ。ぽっかりと開けた三角錐の狭い山頂は端正で、見るからに格好よい。

▲ 広葉樹林の尾根を登って行く

▲ 山頂から曽爾山地の山々を望む

登山レベル
上級
中級
初級

近畿道・阪和道・南阪奈道

樹氷の季節に登るには？

山歩き「サブコース＆＋α」アドバイス

高見山は標高が高くはないので真夏には不向きで、むしろ関西の樹氷の名山として有名だ。ただし、高見峠までは冬季にクルマで上がるのはむずかしく、多くのハイカーは山麓の高見登山口バス停から（地図の――線）か、たかすみ温泉からの登山となる。

▲ 高見山の樹氷

時間的にも距離的にも高見登山口バス停からが便利だが、駐車スペースはほとんどない（バス停の数十ｍ奥の路肩に3～5台停められる程度）。駐車場が充実しているのはたかすみ温泉からだが、温泉施設を利用しない場合の駐車は認めていない。

▲ 高見登山口バス停

いずれも冬季だと、登山口から山頂までは３時間ほどである。

冬季だけに天候の悪化には十分注意したいが、条件がよければ標高1000mあたり、コースとしては杉谷と平野の分岐あたりから上は、ブナの森に樹氷の花が咲く。

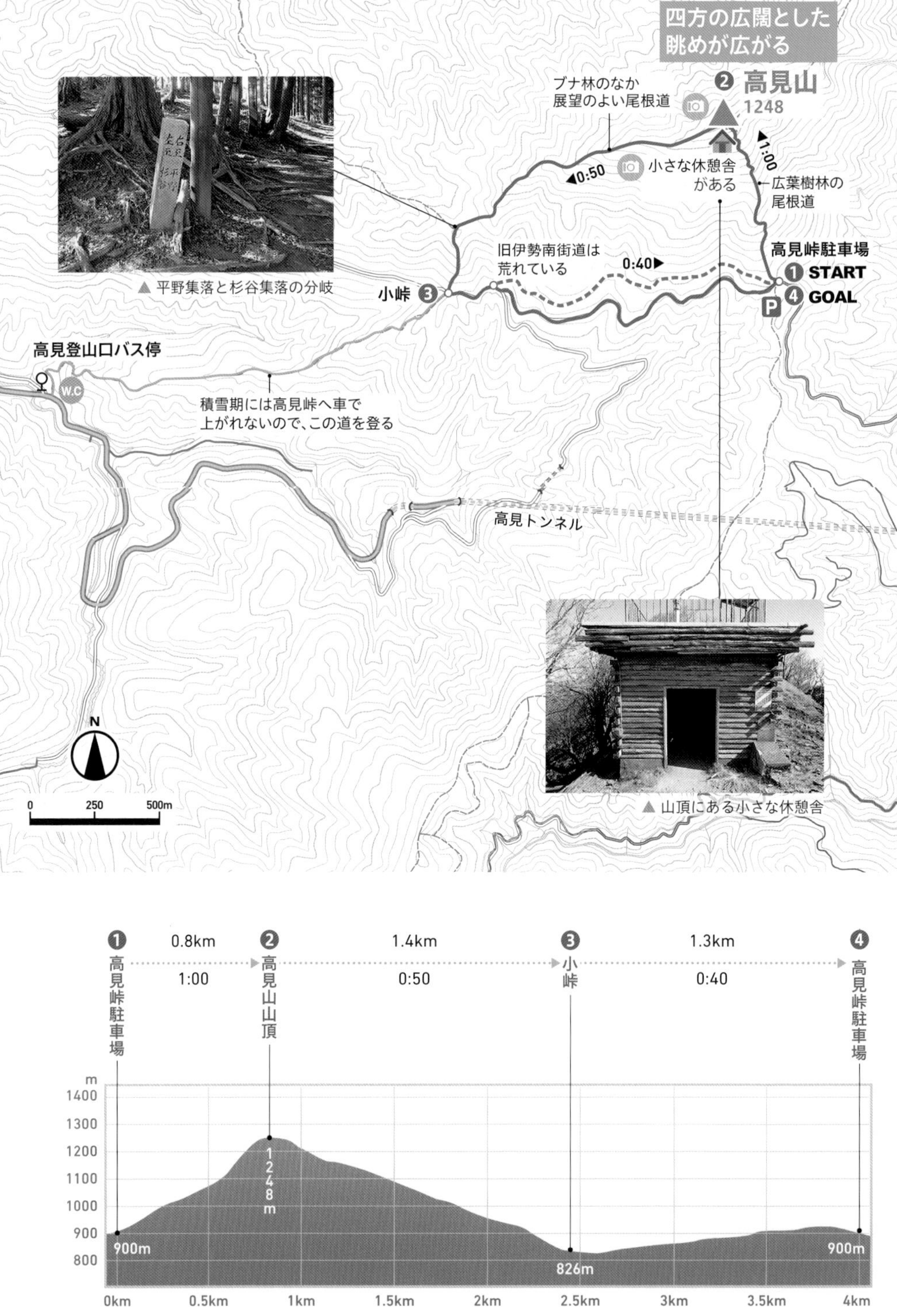

▲ 平野集落と杉谷集落の分岐

▲ 山頂にある小さな休憩舎

山頂には山頂碑と祠、展望台があり、展望台の下は入口の戸がない風よけ程度の避難小屋(休憩舎)になっている。

この避難小屋は、積雪期に樹氷を楽しみに登ってくるハイカーのための、風雪を避ける施設として利用価値が高い。

展望は広く、北に倶留尊山をはじめとした室生火山群が広がり、東には三重の三峰山の大きな山塊がどっしりと構えている。

北西には奈良県・大阪府にまたがる金剛・葛城山地が遠く霞む。そして、西に伊勢街道が吉野に向かってまっすぐに延びる姿が美しい。時間を忘れて、四方に広がる眺めを堪能しながらのんびり昼食としよう。

旧伊勢南街道に沿う林道を歩く

下山は、まっすぐに延びる伊勢街道に向かって西に延びる尾根を下りて行く。ブナの林に囲まれたおだやかな道だ。

40分ほど下ったところが、たかすみ温泉のある平野集落と高見登山口バス停のある杉谷集落との分岐である。

おだやかな森のなかの分岐。ここを小峠と勘違いしてしまうハイカーもいるが、小峠は分岐を南(左手)に、杉谷集落に向けて10分ほど下ったところにある。

小峠❸には小さな祠や鳥居があり、林道が横切っている。高見トンネルができるまではこの林道をクルマで高見峠に向かっていたが、2010年代に随所で決壊があったためか、10年経ってもクルマは通行止になっていた。

小峠から高見峠には、その林道を歩いていくことになる。林道に沿う旧伊勢南街道を歩く人は少ない。通れないわけではないが、荒れ気味だ。それでも古い街道として往来はあっただけに、踏み跡はしっかりとしている。

ところどころヤブっぽかったり、小沢を渡る木橋が朽ちているところもあるが、小さな沢に下りればあっさりと対岸に渡れる。

小峠から旧伊勢南街道を左手に見て、上り下りのほとんどない植林のなかの林道を40分ほど歩くと、**高見峠駐車場❹**に出る。

▲ 展望のよい山頂

▲ 山頂から東、三峰山が大きい

▲ 林道から左手に旧南伊勢街道が通る

登山レベル
上級
中級
初級

立ち寄りスポット

高見公園キャンプ場

高見山がその秀麗な山容を最も美しく見せるところはどこか。その代表が、西麓の伊勢街道(国道166号)の木津峠から高見公園キャンプ場にかけてだ。

特に紅葉の時期から冬には、伊勢街道沿いの開けた高見川の先、山頂だけに陽があたる早朝や夕刻に、たくさんのフォトグラファーがカメラを構える姿を見かける日もある。

13

標高 1432m

なだらかな大平原から北部台高の最高峰へ

明神平（明神岳）

みょうじんだいら（みょうじんだけ）

森林 草花 眺望 渓谷

奈良・三重県境、台高山脈

登山シーズン	標高差	歩行時間	歩行距離	問い合わせ先
1 2 3 4 5 6 7 8 9 10 11 12	約750m	約6時間	約8.8km	東吉野村役場 0746-42-0441

▲明神平の草原に憩う

アクセスガイド

往復走行距離	約 200 km
往復時間	約 4 時間
往復料金（概算）	3080 円

P 大又林道終点駐車場に20台ほど。土日は朝7時頃には満車になることが多い。

吹田ICから近畿自動車道へ。松原JCTから阪和自動車道、美原JCTから南阪奈道路で終点の新庄出口まで進み、そのまま国道165号を走る。国道166号、県道219号、県道16号を経て、東吉野村麥谷で斜め左方向の県道220号へ（大股の表示あり）。車止めのある大又林道駐車場までは、そこからすれ違いがむずかしい細い車道を約11km・20分。

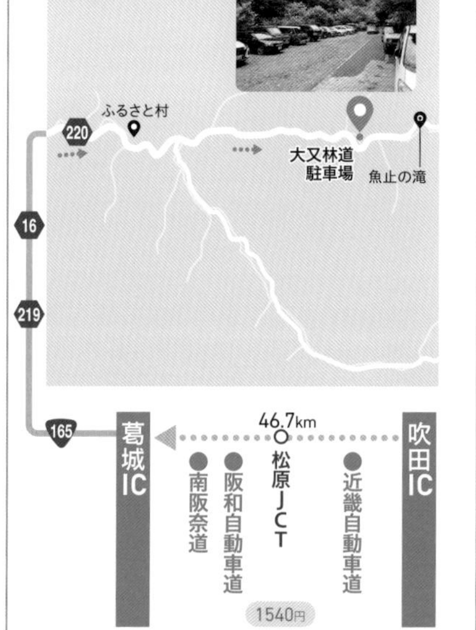

目的地

コースガイド

四季を通じてハイカーの多い名山

明神平は、奈良・三重県境を南北に走る台高山脈の北部に位置し、南部の大台ケ原とともに関西のハイカーにとって憧れの山だ。

かつてスキー場だった明神平は、標高1330mほどの広々とした草原。最短の明神谷ルートからなら、沢沿いの道を楽しみながら約3時間で登ることができる。春は新緑、秋は紅葉、冬は何といっても樹氷が美しい。

駐車スペースは県道220号（大又林道）の車止めゲートの手前。山中にトイレはないので、大又林道に入って5kmほど走ったところにある「やはた温泉」、あるいは駐車場約2km手前の公衆トイレですませておこう。

大又林道駐車場❶から車止めゲートを越え、しばらくは林道を登る。渓流沿いの道を楽しみながら、林道終点までは40分ほどだ。

上流にある明神滝まで、渓流沿いの道を渡渉、あるいは朽ちかけた木橋渡りを繰り返す。木のハシゴやロープ場もあり、飽きることのない変化に富んだ道が続く。迷うようなところはないが、とくに増水時の渡渉では足を滑ら

▲ 沢筋を登ってゆく

▲ 展望はあまりきかないが、明るい明神岳周辺

登山レベル　上級　**中級**　初級

近畿道・阪和道・南阪奈道

薊岳をまわって下山する

山歩き「サブコース＆+α」アドバイス

上級者向けとなるが、下山に薊岳を訪れるコースもよい。前山から明神平に降りず、そのまま尾根を西にたどって薊岳山頂を踏み、少し戻った1334mピーク地点から大又林道に降りる（地図の――線）。

薊岳まで尾根伝いのコースは明瞭で、迷うことはない。尾根を離れる1334mピークの分岐を確かめ、薊岳をめざそう。大又林道への下山路は1334ピークを過ぎた地点にもう一つある。薊岳からの眺望は絶好だ。

下山は前述の、少し戻った1334mピークから。急な厳しい下りで、一休みする場所もあまりない。休める場所を見つけたら休憩を入れるつもりで、慎重に下ろう。

倒木、伐採木が多く、かつては道迷いが頻発したようで、現在は随所に目印のテープが巻かれている。目印のテープが見当たらなくなれば、早めに最後に確認した目印まで引き返すようにしよう。

鉄梯子で大又林道に降り立てば、駐車場までは10分ほどだ。

▲ 南側の展望がよい薊岳山頂

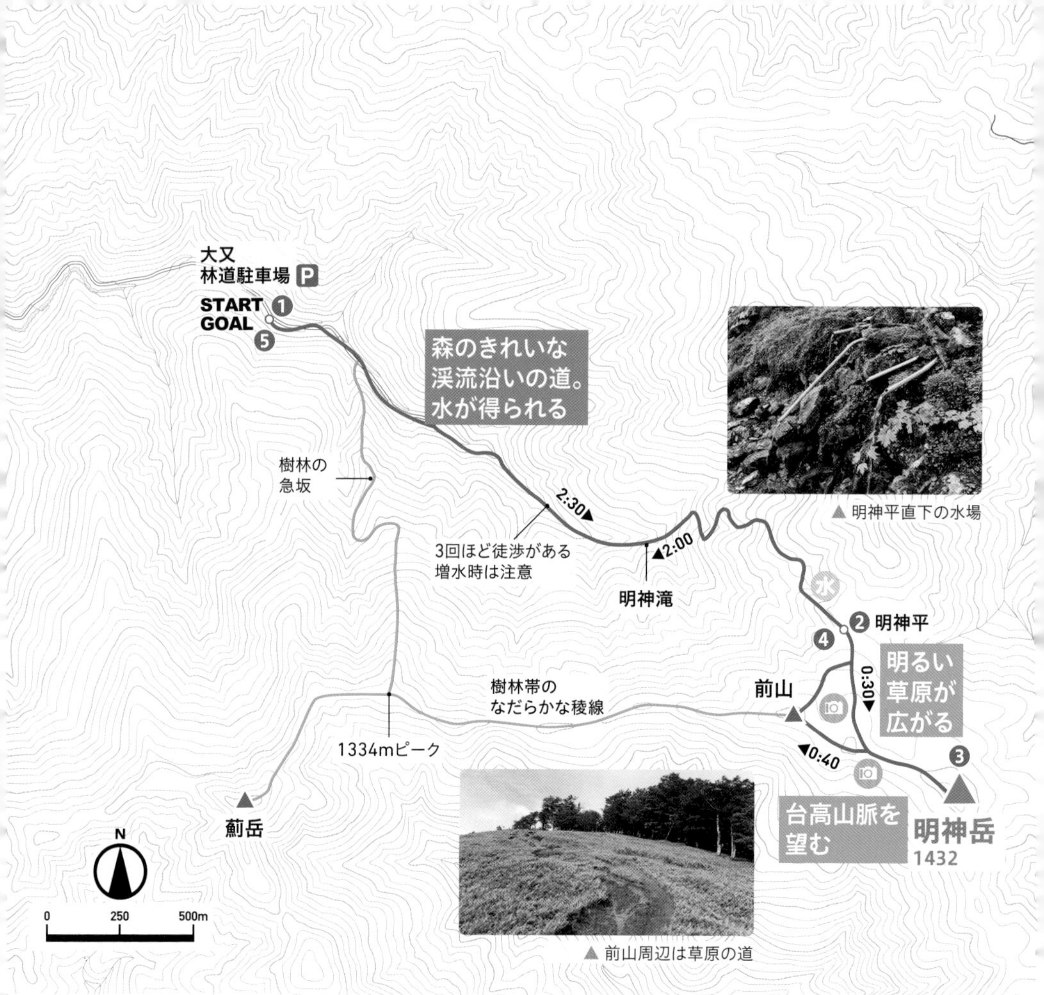

大又
林道駐車場 P
START ①
GOAL ⑤
森のきれいな
渓流沿いの道。
水が得られる
樹林の
急坂
2:30▶
3回ほど徒渉がある
増水時は注意
▲2:00
明神滝
水
② 明神平
④
0:30▼
明るい
草原が
広がる
前山
樹林帯の
なだらかな稜線
1334mピーク
◀0:40
③
台高山脈を
望む
明神岳
1432
薊岳
N
0 250 500m

▲ 明神平直下の水場

▲ 前山周辺は草原の道

① 大又林道駐車場
3.3km
2:30
② 明神平
0.9km
0:30
③ 明神岳山頂
1.1km
0:40
④ 明神平
3.3km
2:00
⑤ 大又林道駐車場
m
1600
1400
1200
1000
800
600
1432m
680m
680m
0km
1km
2km
3km
4km
5km
6km
7km
8km

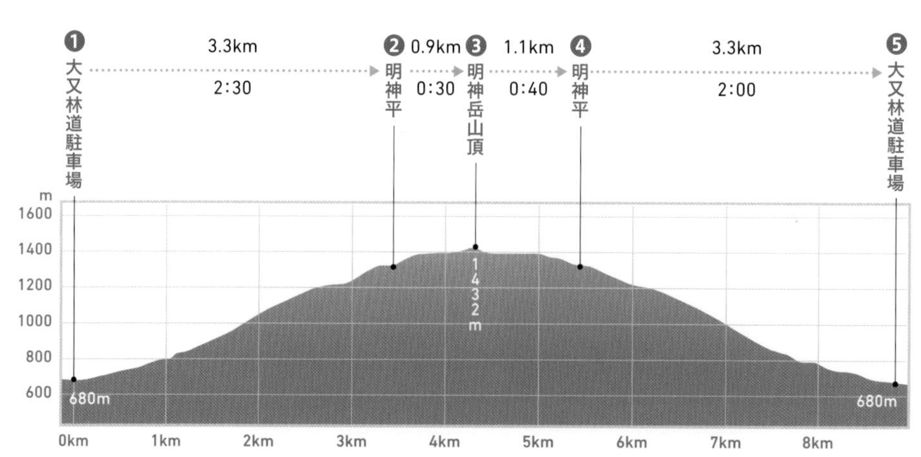

さないように慎重に歩いて行こう。

1時間ほどで落差約30mの明神滝。ルートを少し離れるが、滝近くまで行くこともできる。ここで一息入れるといいだろう。

続いて谷筋を離れ、滝の右岸を高巻くように道は続き、急傾斜の山腹を九十九折に登る。1時間ほどで水場に到着する。5本の給水管が設置されていて、夏場でも水は冷たく冬場でも利用可能だ。一息入れ、喉の乾きを潤そう。

傾斜が緩やかになり、徐々に視界が開けだすと、これまでの幻想的な山深い雰囲気とは別世界の、広々とした明るい大空間が現れる。**明神平❷**だ。草原にある東屋やベンチでランチタイムとするのもよし、草原に寝そべってのんびりすごすのもよしだ。

さて明神平は水場も近く、台高山脈縦走の幕営地として最適な場所。数張りのテントを目にするかもしれない。風景と調和したログハウス風のあしび山荘と緊急避難小屋風のかもしか山荘がある（あしび山荘は天王寺高校所有で事前届出により利用可）。

樹林に囲まれた明神岳へ

少し稜線の縦走路を楽しんでみよう。南方に続く道を登り、三ツ塚分岐に向かう。分岐の標識を「桧塚奥峰」方面に歩いていき、明神岳（穂高明神）の山頂をめざす。

道中、南側の大台ケ原方面の展望が絶景だ。タイミングがよければ、朝方には美しい雲海に出会えるかもしれない。ブナなどの原生林の稜線を15分ほど歩けば、山頂の展望はよくないが、1432mの**明神岳山頂❸**に到着する。

往路を折り返し、三ツ塚分岐を通り越せば、すぐ前山に着く。ピーク感のない草尾根の一角という感じだ。名残惜しいが、稜線歩きを終え、右手へと続く草原の道を**明神平❹**、**大又林道駐車場❺**まで引き返そう。

明神平からの復路は来た道を戻る。ピストン山行の楽しみは、同じ道でも見る方向が違うことで、違った魅力の発見があるかもしれないこと。天候や日差しで変化する景観など、新たな発見や感慨を求めて下ろう。

▲ 明神岳の稜線から大台ヶ原を望む

▲ 明神平にあるあしび山荘

登山レベル

上級

中級

初級

立ち寄りスポット

七滝八壺・ふるさと村やはた温泉

大又林道を帰る途上にある七滝八壺は、台高山脈の伊勢辻山を源とした7つの滝の総称。水量豊かで、平成の名水百選にも選定されている。少し下ったところにあるのが、ふるさと村のやはた温泉。浴場の大窓からは四郷川が見下ろせ、露天風呂のように開放的な気分になる。入湯料金は大人500円。

14

標高
1037m

黄金に輝くススキの大草原

倶留尊山

くろそやま

森林
草花
眺望
渓谷

登山シーズン	標高差	歩行時間	歩行距離	問い合わせ先
1 2 3 4 5 6 7 8 9 10 11 12	約340m	約4時間	約4.7km	曽爾村観光協会 0745-94-2106

奈良・三重県境、曽爾高原

▲ 二本ボソに向かう稜線からお亀池、古光山を望む

アクセスガイド

往復走行距離	約 220 km
往復時間	約 3 時間 40 分
往復料金(概算)	3200 円

P 曽爾高原にある野口有料駐車場に150台ほど。普通車800円。

吹田ICから近畿自動車道へ、松原JCTから西名阪自動車道、天理ICから名阪国道(国道25号)へ。針ICで下り、国道369号を南下、県道81号を北上し、曽爾高原の看板にしたがって右折、曽爾高原へ。

なお、このルートのほか国道165号などからいったん名張に出て南下するコースなどもある。いずれの場合も奈良県北部は複数の高速道路などがあり、渋滞も多い。

目的地
曽爾高原駐車場

コースガイド

眼前に広がるススキの高原へ！

奈良・三重の県境に広がる標高800mから1000m強の室生火山群。その主峰である倶留尊山に行くのは断然、秋がお勧めだ。標高は1037mと高くはないが、周囲には尼ヶ岳、大洞山、古光山、鎧岳、住塚山など岩壁が囲む個性的な山もあり、根強いファンも多い。

倶留尊山の東側は池の平高原から急峻な岩壁がそばだち、西の斜面にはお亀池をめぐる草原が大きく広がっている。

秋には関西随一のススキの原となる。お亀池あたりで落陽を迎えれば、2度とない思い出のハイキングになるだろう。

曽爾高原のバス停近くの**曽爾高原駐車場❶**にクルマを置き、お亀池の畔に延びる道を歩く。10分ほどで、亀山峠に登っていく。急な斜面を斜上する草原の道で、終始展望はよい。

駐車場から１時間ほどで県境の亀山峠に着く。南に行けば亀山の山頂で、北に向かえば二本ボソから倶留尊山への稜線である。

なお倶留尊山の山頂一帯（二本ボソから先）は私有地であるため、500円の入山料が必要

▲ススキの大斜面

▲二本ボソ山頂に憩う

登山レベル

上級

中級

初級

草稜を亀山へ!

山歩き「サブコース＆+α」アドバイス

時間があれば、亀山峠から亀山にも足を伸ばしてみたい（地図の—— 線)。

峠から往復する場合は30分ほどよぶんに時間がかかり、亀山から南に長尾峠まで歩き、車道を駐車場に戻るには亀山峠から１時間ほどを見ておくとよい。

▲亀山山頂付近から北を望む

草の稜線で展望はほしいままだ。お亀池は草原に浮かぶUFOの着陸地ではないかと感じるようなこともある。西に青蓮寺川を隔てた鎧岳、兜岳は文字どおり周囲を鎧兜のような岩壁に囲まれ、天に衝き上げている。その南、住塚山の東に立ちはだかる屏風岩は、まさに巨大な岩屏絵を広げたようだ。「次はどの山に登ろうか」と多くのハイカーが思いを馳せる——、そんな稜線歩きを楽しめる。

▲亀山山頂からの古光山

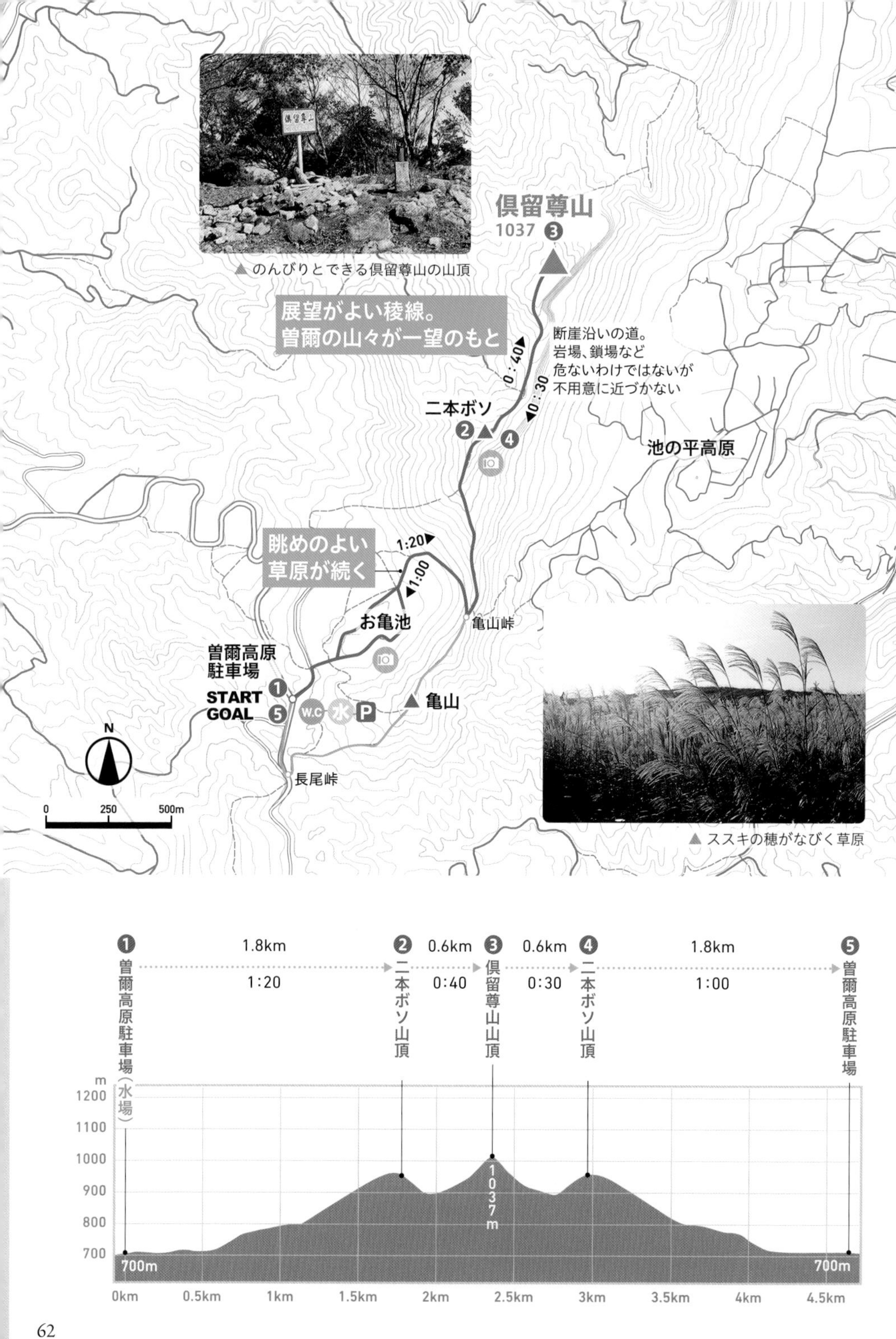

▲ のんびりとできる倶留尊山の山頂

▲ ススキの穂がなびく草原

であることを付記しておきたい。

まず、亀山峠から北へ、倶留尊山に向かう。亀山峠周辺のような草原ではないが、灌木のなかの展望のよい道を歩く。30分ほどで二本ボソという山の山頂❷だ。展望は抜群で、東の大岩壁の先に大洞山の山塊が大きい。樹林があるためあまり意識しないが、道は東の岩壁の縁を縫うように延びている。そのため、不用意に東に寄りすぎないようにしたい。

二本ボソからはいったん鞍部に下り、登り返すと倶留尊山山頂❸に着く。二本ボソからは30分ほどかかる。二本ボソほどではないが展望は広く、多くのハイカーが思い思いに休んだり昼食を楽しんでいる。亀山峠や倶留尊山の稜線から見下ろす東の名張川、西の青蓮寺川沿いの集落、山村風景は牧歌的であり、ヨーロッパのアルプスのような趣さえ感じる。

雨もようのときのスリップに注意

下山は二本ボソ山頂❹、お亀池、曽爾高原駐車場❺と往路を戻る。倶留尊山は草原といっても、稜線、尾根は急で、東側には大きな岩壁が連なっている。

危険を覚えるようなことはまずないが、それでも雨のあとなどは道がぬかるんでいることも多く、思わぬところでスリップしてしまうこともあるので用心したい。

また、お亀池で夕方を迎えるつもりで稜線を歩く時間を遅くに設定すると、意外に夕刻が早く訪れてゆとりがなくなる。下山時の思わぬ転倒やケガは、そのような状況で起こる。

亀山峠から20分ほど、お亀池の北端に出れば、あとは思い思いに好みの道を歩けばいいだろう。ベストスポットを見つけたら、そこで夕照をねらうフォトグラファーもいる。

ススキの穂がなびく時期には、お亀池周辺の道はライトアップされる。池の畔でも、ちょっと離れた丘を回ってもいいだろう。

秋の日はまさに釣瓶落としだ。ススキが綺麗な11月ならば、午後３時すぎにはずいぶん日は傾く。落日に照らされた黄金の穂が波打つ草原に、日帰りハイクの思い出を刻もう。

▲ 亀山峠から西、草原の向こうに広がる曽爾の山々

▲ 二本ボソからは大洞山が大きい

立ち寄りスポット

お亀の湯

駐車場から太郎路方面へ、ファームガーデンという複合施設にあるのがお亀の湯。入浴料は800円で、石の浴室、木の浴室と露天風呂が楽しめる。ナトリウム炭酸水素塩温泉の湯は泉質がよいと評判だ。

露天風呂からの室生火山群の眺めは圧巻で、レストランで食事をしたり地元産の新鮮な野菜を買ったり、いろいろな楽しみもある。

15

標高
1235m

霧氷と好展望、山頂直下の大平原がハイカーを魅了

三峰山

みうねやま

森林
草花
眺望
渓谷

登山シーズン
1 2 3 4 5 6 7 8 9 10 11 12

標高差	歩行時間	歩行距離
約690m	約5時間30分	約10km

問い合わせ先
御杖村観光協会
0745-95-2070

奈良・三重県境、台高山脈

▲八丁平から南に台高山脈を望む

アクセスガイド

往復走行距離	約 205 km
往復時間	約 3 時間 40 分
往復料金（概算）	3080 円

P 登山者専用駐車場に約40台、すぐ近くの青少年旅行村ゲート前第一駐車場が登山者用で、約30台駐車可能。第一駐車場には登山届ボックスがある。

吹田ICから近畿自動車道へ。松原JCTから阪和自動車道に入り、美原JCTから南阪奈道、葛城IC、終点の新庄出口まで進み、そのまま国道165号へ。国道166号、国道370号、県道217号、県道218号、国道369号を経由して、三峰山への標識で伊勢本街道に入り、三峰山登山者専用駐車場へ。

目的地
三峰山登山者専用駐車場

コースガイド

樹氷祭りも開催される名山へ

一等三角点のある三峰山は、奈良・三重県境を高見山から局ヶ岳まで約25kmにわたって東西に走る高見山地の一峰である。関西では高見山と並んで、冬季には樹氷・霧氷観賞で人気の山だ。毎年1～2月には霧氷祭りが開催され、期間中には直近の駅から直通バスが運行され、多くのハイカーが入山する。雪が降れば降るほどハイカーが増える。

登山道はよく整備され、冬季でも霧氷祭りの期間は踏み跡がしっかりしていてラッセルなどは不要。登山初心者の家族連れでも、経アイゼンで冬山体験ができる。

山頂直下には100haにおよぶ八丁平という平原が広がり、南側に連なる台高山脈の眺望が素晴らしい。初夏にかけて咲くシロヤシオめあての登山者も多く、極暑期を除いて一年を通じて登られている。

登山者専用の**第1駐車場❶**をしばらく歩くと、三峰山登山口に着く。橋を渡り川沿いの舗装路を登っていくと、10分ほどで登り尾コースとの分岐だ。ここは真っ直ぐ不動滝

▲ 杉林のなかを登っていく

▲ 涼しげな不動滝

登山
レベル

上級

中級

初級

登り尾ルートを歩く

山歩き「サブコース＆＋α」アドバイス

不動滝に向かう途中の分岐から尾根道を行くのが登り尾ルート。よく整備されていることもあり、不動滝コースより一般的に利用されている（地図の —— 線）。とくに樹氷シーズンは、尾根上を登っていくので、より安全だ。

橋を渡り木組みの階段を登る。40分ほどで2階建ての休憩小屋に到着する。すぐ近くにトイレがある。

休憩小屋から不動滝コースとの合流点の五本杉避難小屋までは、よく整備された樹林帯の道を1時間ほど登る。時折、展望が開ける明るい道を登ってゆくと、展望小屋がある。ここからは二本ボソ、倶留尊山、大洞山などを望見することができる。

▲ 登り尾との合流点にある五本杉避難小屋

▲ 樹氷の見どころも1つ

傾斜がやや急になり、やがて植林帯から自然林に。お地蔵さんに出会えれば五本杉避難小屋まではすぐだ。避難小屋からは本ルートと同じ道を行く。

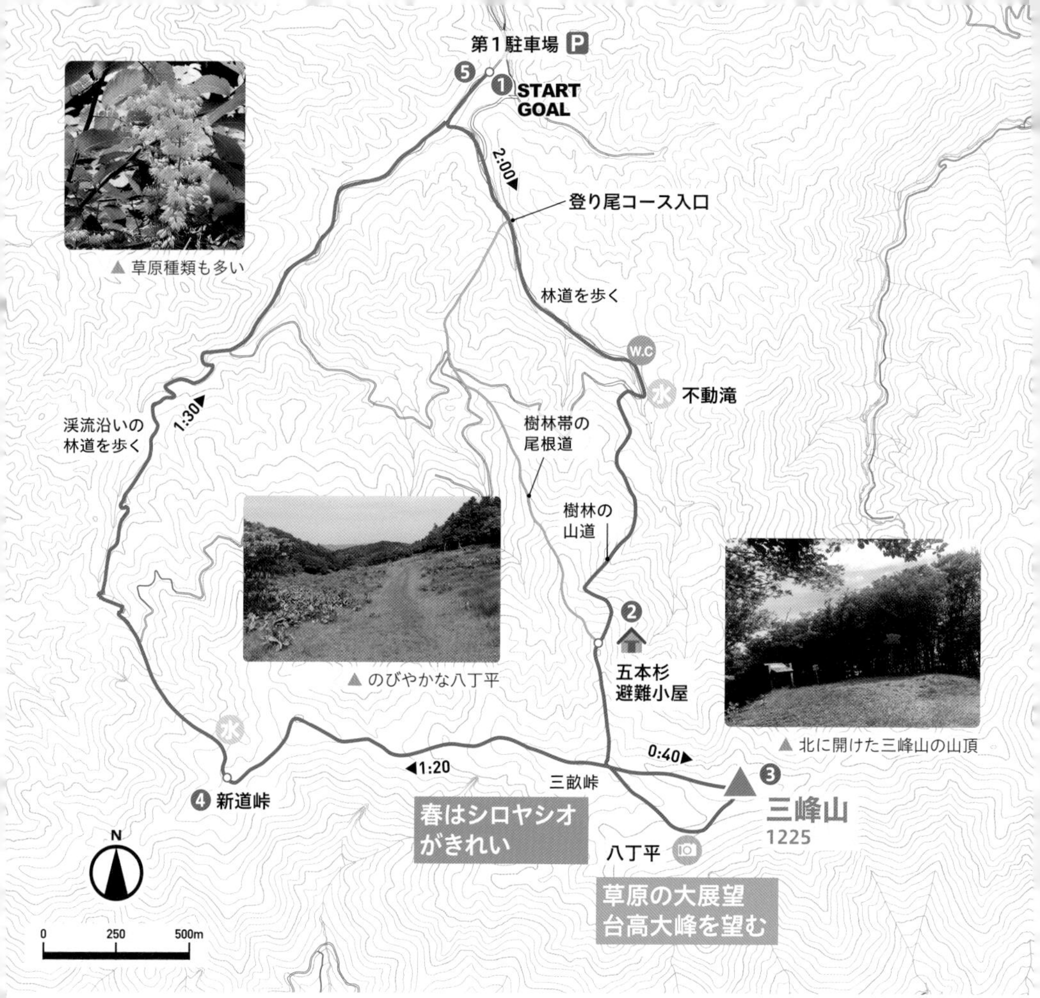

第1駐車場 P

❺ ❶ START GOAL

2:00▶

登り尾コース入口

林道を歩く

W.C

水 不動滝

樹林帯の尾根道

渓流沿いの林道を歩く

1:30▶

樹林の山道

❷ 五本杉避難小屋

0:40▶

◀1:20

三畝峠

❸ 三峰山 1225

❹ 新道峠

春はシロヤシオがきれい

八丁平

草原の大展望
台高大峰を望む

N

0 250 500m

▲ 草原種類も多い

▲ のびやかな八丁平

▲ 北に開けた三峰山の山頂

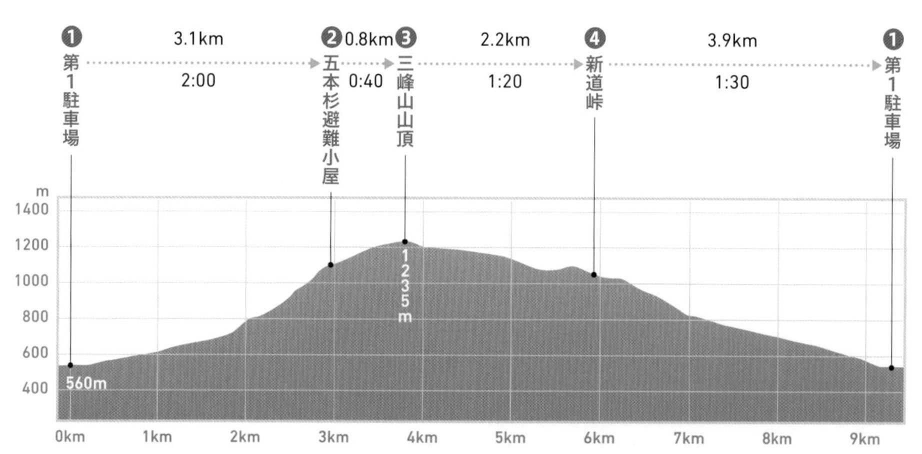

▲ 山頂から北に室生火山群を望む

▲ 新道ルートの分岐

ルートを進もう。1時間ほどで不動滝ルートの入り口で、林道のカーブを曲がった先にトイレがある。林道のカーブ手前で山道に入ると、赤い幟に囲まれた不動堂が見えてくる。

不動滝はその裏にある。不動明王が祀られる落差21mの滝。夏でも涼しく爽快で、厳冬期には滝の一部が凍結する幻想的な風景を見ることができる。

左岸を高巻くように谷筋から離れ、三峰山山頂までの距離表示を時折見ながら、やや急な傾斜を登る。1時間ほどで登り尾ルートとの合流点でもある**五本杉避難小屋❷**に着く。冬季には中央にある囲炉裏を囲み、所狭しと湯を沸かし暖をとるハイカーで賑わう。

避難小屋から約20分ほど登れば、高見山へと続く高見山地の稜線にたどり着く。三畝峠だ。八丁平方面との分岐になるが、真っ直ぐ三峰山頂に向かう。中央構造線に沿った快適な尾根道。シロヤシオの群生地で、5月下旬から6月初旬なら白く麗しい花に癒やされる。

1235mの**三峰山山頂❸**からは北側に展望が開け、古光山、倶留尊山、大洞山、尼ヶ岳などの室生火山群が一望できる。

八丁平の大草原でゆったりと

山頂からは南西に八丁平へ。ゆるやかな下りを200mほど歩けば到着する。南側に開けた圧倒的な眺望の前に、ヒメザサの広がる大平原だ。大台ケ原へと続く台高山脈と、特徴的な大普賢岳など大峰山脈を同時に望める。昼寝でも昼食でも、いつまでも絶景を眺めていても、きっと思い思いのひとときをすごせる。

八丁平からは再び三畝峠に向かい、ここからは西の高見山へと続く緩やかな尾根を散歩気分で森林浴を楽しもう。**新道峠❹**で稜線から離れ、みつえ青少年旅行村へと向かう。下り出して間もなく、道は渓流沿いを進み、水場としても利用できる。

新道峠登山口までは1kmちょっと。そこからスタート地点までは、季節の花々や魚止滝を楽しみながら、谷筋の林道を下っていく。

右手にジャンボローラー滑り台が見えたら、みつえ青少年旅行村に到着。**第1駐車場❺**まではあと一息だ。子連れ登山なら、事前にみつえ青少年村でのんびりする時間も計算に入れて登山計画を立てたほうがよい。

立ち寄りスポット

道の駅　伊勢本街道御杖

駐車場から伊勢街道を北上し、国道369号を右に約3km。368号線と交差する地点にある道の駅には、街道市場みつえ、休憩所、温泉などが併設されている。

市場に入る採れたての野菜や木工品の木の香りが鼻孔をくすぐる。

姫石の湯は入湯料大人700円。天然温泉で、つぼ風呂、気泡風呂、座湯、打たせ湯、露天風呂、サウナとさまざまな湯を楽しむことができる。登山の汗を流そう。

16
標高約 500m

近畿を代表する渓流美が続く散策路

赤目四十八滝

あかめ しじゅうはちたき

森林 草花 眺望 渓谷

三重県

登山シーズン
1 2 3 4 5 6 7 8 9 10 11 12

標高差	歩行時間	歩行距離
約230m	約 3時間30分	約8.5km

問い合わせ先
名張市観光協会
0595-63-9148

▲ 広い滝壺を持つ千手滝

アクセスガイド

往復走行距離	約 190 km
往復時間	約 3 時間
往復料金(概算)	3200 円

P 入口駐車場は500台、普通車1日800円。500～1000円と有料だが、周辺にいくつか土産物店などの駐車場もある。

吹田ICから近畿自動車道へ、松原JCTから西名阪自動車道、天理ICから名阪国道(国道25号)へ、針ICで下り、県道369号、県道28号を経て国道165号で左折、赤目口(交差点) を右折して 県道567号 に、約5kmで赤目渓谷入口駐車場に着く。
大阪を起点とすると、このほかいくつかのルートがあるが、いずれも国道165号で名張に向かうことで赤目四十八滝の標識に出る。

目的地
赤目四十八滝駐車場

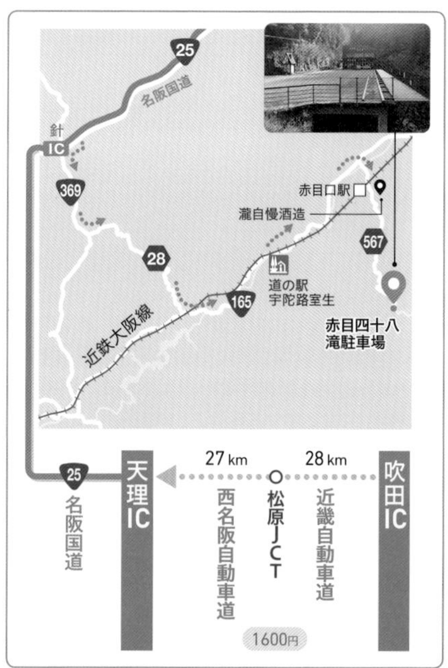

コースガイド

滝から滝へ、早瀬から早瀬へ

赤目四十八滝を語るとき、中高年ハイカーだと郵便切手を思い浮かべる人も多いのではないだろうか。「観光地百選シリーズ」の切手で紹介された赤目四十八滝は、その渓流美が評判を呼び、「北の奥入瀬・西の赤目」などともいわれるようになった。

その赤目四十八滝は現在も多くの観光客を迎えている。渓谷に沿う散策路を歩くのはまったく困難なものではないが、それでも渓谷の入口から出口までを往復すると３時間から４時間近くはかかる。せっかく行くのだから十分に時間をとって、渓流美をカメラに収めながら、ゆっくりと探勝したい。

赤目四十八滝の入口には**駐車場❶**とともにゲートがあり、500円の入山料を支払ってから探勝路に入る。主な滝は下流から、不動滝、千手滝、布曳滝、陰陽滝、荷担滝、琵琶滝、岩窟滝など。いずれも圧倒的な落差を持って立ちはだかる豪瀑ではなく、どの滝もしっとりとしたやさしい表情をしている。

その滝の間にいくつもの滝壺や小滝、早瀬、

▲ 霊蛇滝上流の早瀬

▲ 荷担滝は右岸を巻いて登る

▲ 急流の端では足を滑らせないように

登山レベル
上級
中級
初級

近畿道・西名阪道

長坂山を周回する

山歩き「サブコース＆＋α」アドバイス

赤目四十八滝を探勝する場合は、下流から上流へ、上流から下流へ、いずれの場合も原則、往復だった。ところが、渓流の途中から尾根に上がり、長坂山を周回するルートが拓かれている（地図の——線）。

長坂山へは赤目四十八滝のなかにある百畳岩のあたりの分岐から案内板にしたがって尾根を南に上がっていく。

▲ 長坂山コースの下山口

道は明瞭なので迷うことはほとんどないが、尾根上にはいくつかの分岐・枝道などがあるので、分岐の道標を確認しながらのんびり歩いていこう。

百畳岩のあたりの入山口から長坂山へは約２時間半。さらに長坂山山頂から30分ほどで渓谷入口に近い下山口に到着する。

標高の低い樹林帯の道が続くので、展望はあまり利かない。途中、数か所、渓谷を見下ろせるビューポイントがある程度だ。

それでも、周回する道によって、赤目四十八滝の渓流を見下ろすという別の側面を楽しむことができる。

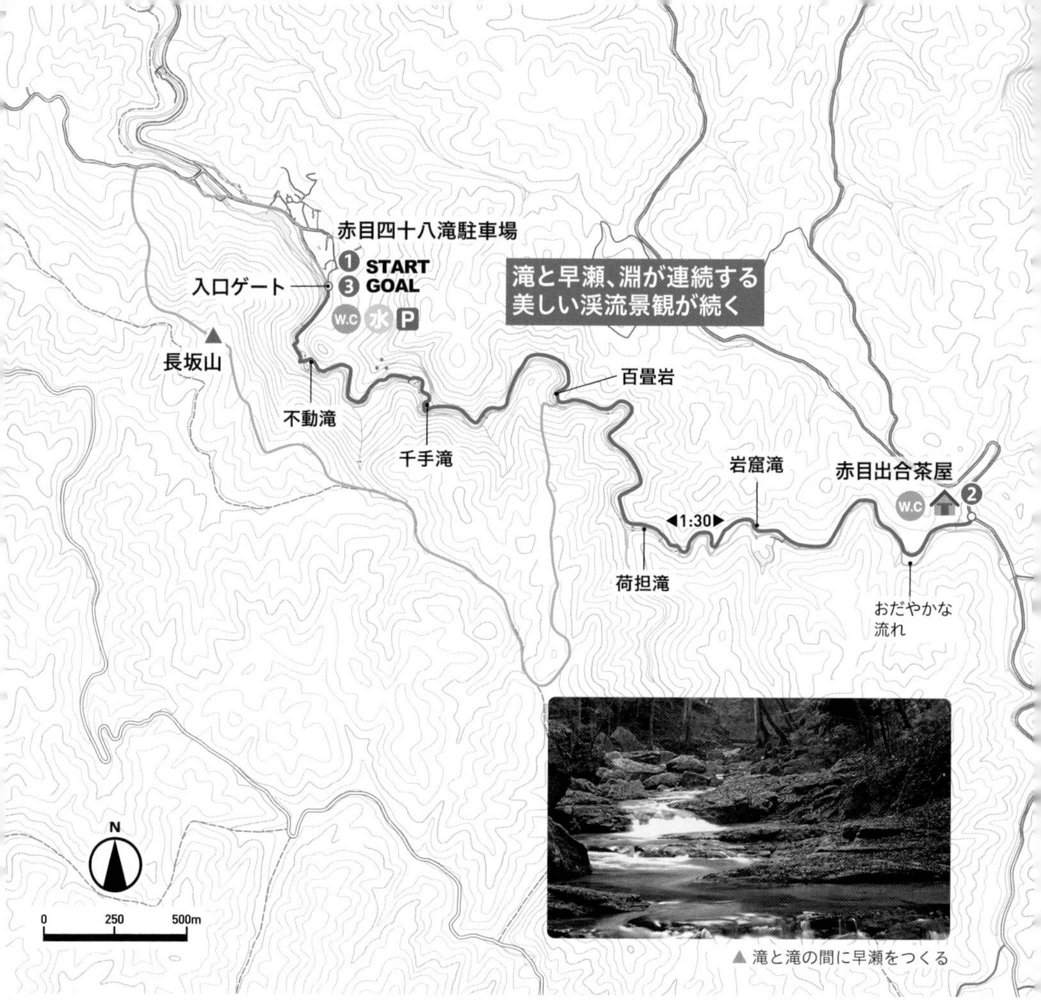

赤目四十八滝駐車場
1 START
3 GOAL
入口ゲート
W.C
水
P
長坂山
滝と早瀬、淵が連続する
美しい渓流景観が続く
不動滝
千手滝
百畳岩
岩窟滝
赤目出合茶屋
W.C
2
1:30
荷担滝
おだやかな
流れ
N
0
250
500m

▲滝と滝の間に早瀬をつくる

1
赤目四十八滝駐車場（水場）
4.3km
1:30
2
赤目出合茶屋
4.3km
1:30
3
赤目四十八滝駐車場
m
1400
700
600
500
400
300
320m
550m
320m
0km
1km
2km
3km
4km
5km
6km
7km
8km

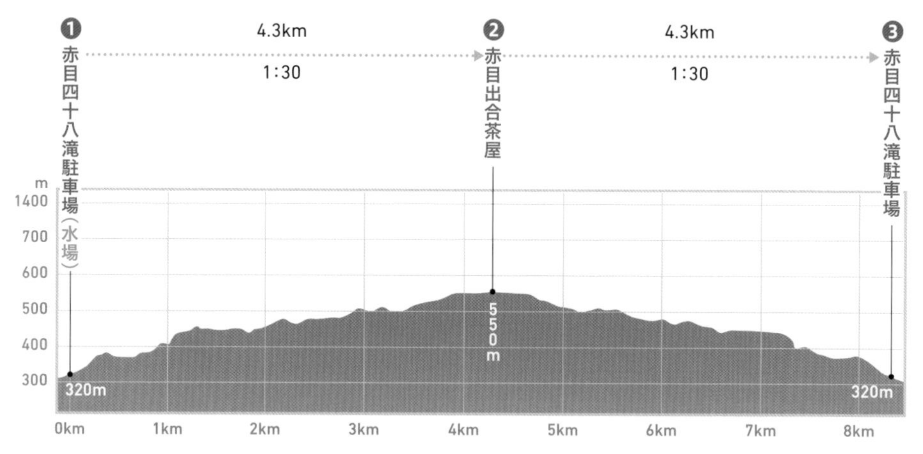

渕やナメが形成され、渓流を彩る。

渓流の散策路は明瞭で巻き道もあり、対岸に渡る場合もしっかりとした木橋などがある。むしろ探勝路を離れて勝手に渓流のなかなどには立ち入らないようにしたい。

なお、標高が低い里山にある渓流なので、水は青く澄んでいるとはいいがたい。あくまで、音楽を奏でるようなリズムをもって次々に現れる滝と早瀬の渓流美を堪能する——という気分で楽しむといいだろう。

時間的には、入口から中間点の荷担滝までが１時間ほど。そこから渓流の出口にあたる**赤目出合茶屋❷**までは１時間弱である。入口から出合茶屋までの往復で、３～４時間くらいを見ておくといい。

赤目四十八滝の核心部はゲートから岩窟滝まで。その上流はおだやかな平流となり、林道に出たところに出合茶屋がある。

トイレ休憩にもよく、周辺でのんびり昼食をとるハイカーもいる。

雨天のときはスリップに注意

下山は往路を戻る。

上流から見る滝は、また異なる趣がある。赤目四十八滝は乾いた若葉の季節、快晴のときもいいが、逆に雨上がりのしっとりとした紅葉の時期が最適というハイカーもいる。

その時期の散策路の下り道では岩や落葉が濡れていて、思わず足を滑らせてしまうこともあるので注意したい。

まったく安全な散策路といっても、滝の高巻きでは岩の縁を歩くようなところもあれば、木橋・木道部分では濡れた落葉に思わず足をとられてしまうこともある。

濡れた落葉で転んだだけなのに、大きな転倒・滑落事故になってしまう。そのことに、山の標高や奥深さはあまり関係がない。思わぬところで、思わぬ事故が起こるものだ。

３時間から４時間、渓流の往復で**駐車場❸**に戻ってきたら、入口付近には土産物店やレストラン、温泉もある。買い物や食事、温泉を楽しむのも、のんびりハイキングの趣向だろう。

▲ 赤目四十八滝最上流の岩窟滝

▲ 散策路に落ちる石清水

▲ 苔むした木々に包まれる

立ち寄りスポット

室生寺

クルマで30分程度と少し離れるが、帰りがけに時間があれば室生寺に寄ってもいいだろう。女人高野と呼ばれる室生寺の境内は、ゆっくり散策すると１～２時間はかかる。長い石段もあり、けっこう堪える。

深閑とした境内は、赤目四十八滝のしっとりとした渓流美と相俟って奈良の奥深さを感じることができる。

17
標高
1719m
1726m

「女人禁制」と「女性ハイカーも多い」、2つの名峰をめぐる

山上ヶ岳・稲村ヶ岳

さんじょうがたけ・いなむらがたけ

森林
草花
眺望
渓谷

奈良県、大峰山脈

登山シーズン	標高差	歩行時間	歩行距離
1 2 3 4 5 6 7 8 9 10 11 12	約810m	約8時間	約16.5km

問い合わせ先
大峯山洞川温泉観光協会
0747-64-0333

▲西の覗の行場。周辺は山岳宗教の修験の地だ

アクセスガイド

往復走行距離	約200km
往復時間	約4時間
往復料金(概算)	3080円

P 洞川地区の清浄大橋の駐車場に約100台、普通車1日1000円、周辺には母公堂のあたりにも駐車スペースがある。なお、清浄大橋駐車場は大型バスの駐車スペースも区切られている。

吹田ICから近畿自動車道へ、松原JCTから阪和自動車道、美原JCTから南阪奈道、大和高田バイパス、橿原高田から京奈和自動車道(無料)を経て御所南ICで下り、国道309号を南下、新笠木トンネル、新川合トンネルなどを抜けて天川川合を左折、県道21号に入り約7kmで洞川に着く。紅葉の時期、天川川合、みたらい渓谷一帯は渋滞に注意。

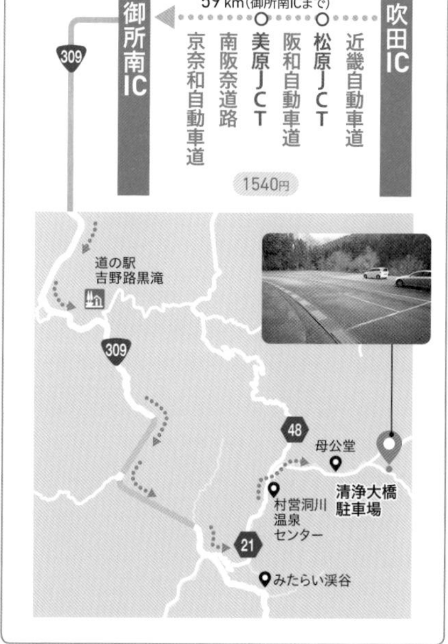

目的地
洞川、清浄大橋

コースガイド

行者気分を味わえる山頂へ

山上ヶ岳は紀伊半島を南北に貫く大峰山脈北部の主峰。山岳宗教の聖地であり、賛否はあるだろうが山頂につながる登山道は女人結界とされ、女性の立入りが禁止されている。

日帰りハイキングとしては、山麓の洞川集落の奥、**清浄大橋駐車場❶**から入山し、山頂を極め、西に稲村ヶ岳を回ってくるコースが一般的だ。女性がいる場合、山上ヶ岳には登らず山麓の母公堂から稲村ヶ岳を往復してくるコースなども考えられる。

どのコースもハイカーは多く、行場を除いて道は明瞭で、いわば一般的な登山コースである。ただ、1700m超と標高は低くはないだけに、急な天候の悪化には注意したい。

清浄大橋から女人結界の門をくぐり、植林の道を登って行く。一本松茶屋を抜け、1時間ほどでお助け水という水場があり、水場から30分ほどで洞辻小屋に着く。

小屋内を通る登山道の先には、鐘掛岩、西の覗、日本岩といった行場が続く。時間や体力などを勘案して行場を見に行ってもいいだろう。岩壁の上からの眺めはよく、広く紀伊半島北部の山々を見渡せる。

歩き始めて約3時間、大峰山寺の山門をく

▲清浄大橋そばの女人結界門

▲登山道は洞辻小屋のなかを通る

▲うっすらと雪の積もった山上ヶ岳のお花畑

登山レベル
上級
中級
初級

レンゲ坂谷を下る

山歩き「サブコース＆+α」アドバイス

山上ヶ岳と稲村ヶ岳、両方を登り下りするのは大変な場合、エスケープルートとしてレンゲ辻からレンゲ坂谷を下ることも考えられる（地図の―― 線）。レンゲ辻からは約1時間でレンゲ坂谷の林道の終点に出て、そこから1時間足らずで清浄大橋に着く。

最近は道が少し荒れているようだが、危険というわけではなく、浮いた石に足をとられないようにしたい。

林道に出るまでは道迷いに気をつけ、あわてず谷筋を下って行こう。

▲レンゲ辻の女人結界の門

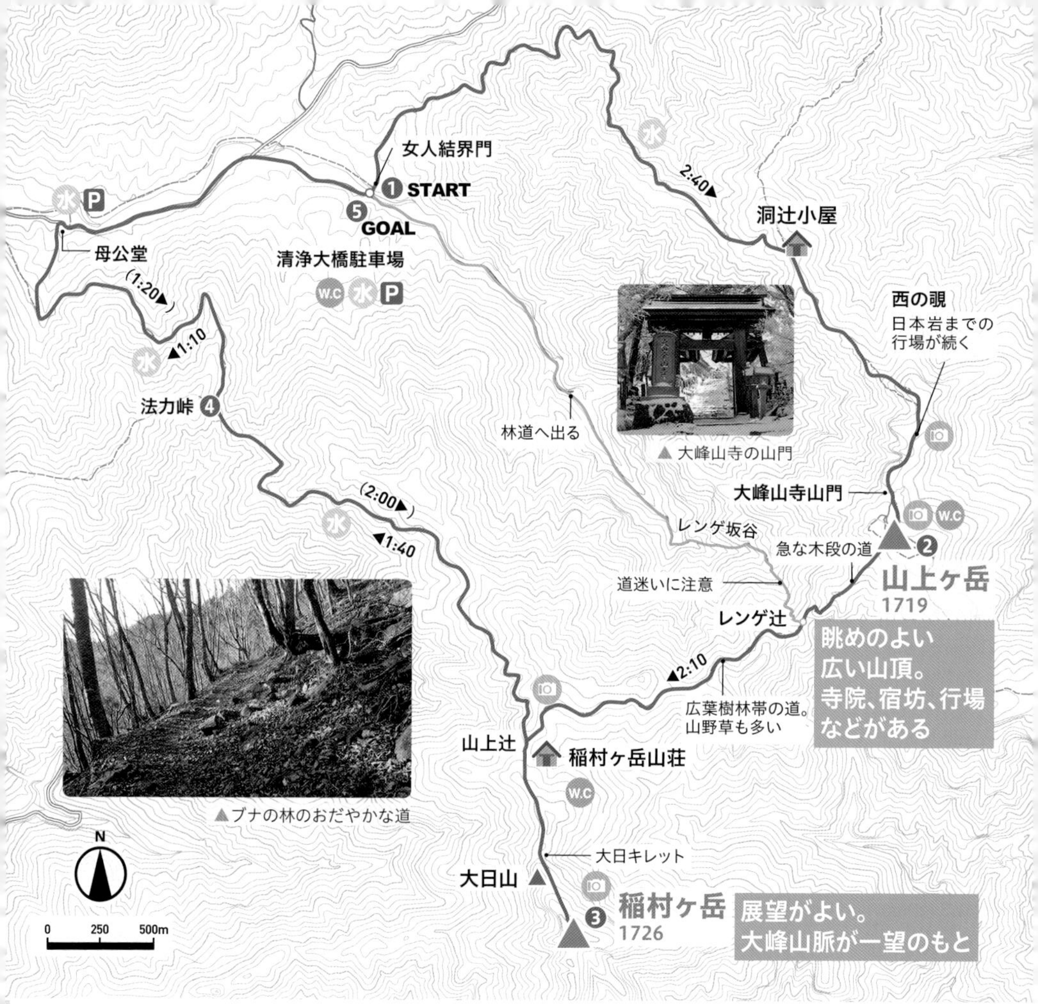

女人結界門
❶ START
❺ GOAL
清浄大橋駐車場
W.C 水 P
水 P
母公堂
(1:20▶)
▲1:10
水
法力峠 ❹
2:40▶
水
洞辻小屋
西の覗
日本岩までの行場が続く
林道へ出る
▲ 大峰山寺の山門
大峰山寺山門
W.C
(2:00▶)
水
▲1:40
レンゲ坂谷
急な木段の道
道迷いに注意
❷ 山上ヶ岳
1719
レンゲ辻
眺めのよい広い山頂。寺院、宿坊、行場などがある
▲2:10
広葉樹林帯の道。山野草も多い
▲ブナの林のおだやかな道
山上辻
稲村ヶ岳山荘
W.C
大日キレット
大日山
❸ 稲村ヶ岳
1726
展望がよい。
大峰山脈が一望のもと
N
0 250 500m

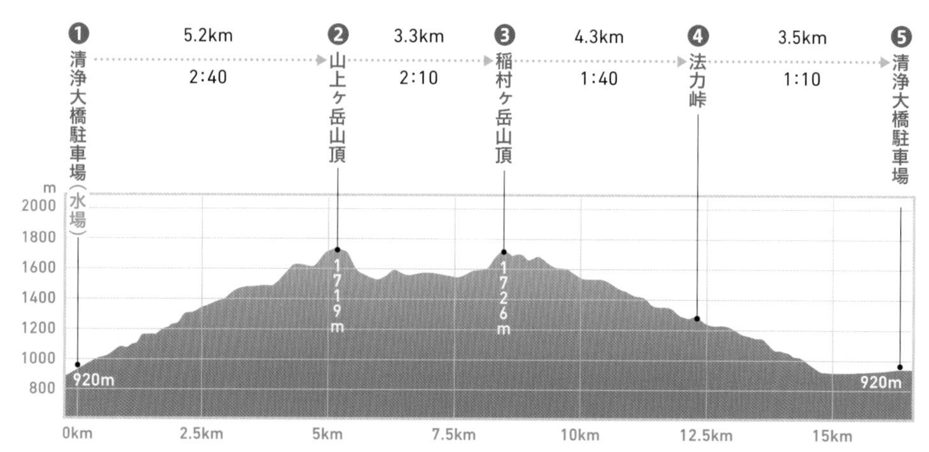

ぐると、山上ヶ岳山頂❷の一角だ。寺院の境内や宿坊、行場、お花畑などと、山頂周辺を散策する楽しみにこと欠かない。

稲村ヶ岳に向かう

下山は往路を戻ってもよいが、ぜひ山上ヶ岳の西にそびえる稲村ヶ岳にも登っておきたい。山頂から西へ急な階段を下り、鞍部がレンゲ辻と呼ばれる分岐。ここにも女人結界の表示がある（稲村ヶ岳から、またレンゲ坂谷からレンゲ辻までは女性も通行可）。

レンゲ辻から稜線の北斜面、南斜面をトラバース気味に歩くと、約１時間で稲村ヶ岳山荘に着く。ブナに囲まれた山荘にはトイレもあり、休憩や昼食など恰好の憩いの場である。

稲村ヶ岳は春のショウジョウバカマやシャクナゲ、夏のキンバイソウ、秋のアキノキリンソウなど季節の花々もきれいだ。

山荘から南に往復約１時間半で稲村ヶ岳を往復することができる。途中、大日のキレットという大日山の岩狭もあるが、大日山の鋭鋒に登らない場合は登山道そのものが危険というわけではない。注意しながら歩いていく。

たどり着いた稲村ヶ岳山頂❸の展望台からの眺めは大きい。東の眼下には神童子谷に落ちる緑の峡谷、その先に、歩いてきた山上ヶ岳の山塊、さらに山上ヶ岳から南に大普賢岳、弥山など大峰奥駈道を結ぶ大峰山系北部の山々が連なっている。

稲村ヶ岳は大峰山脈の主稜線から派生した支稜線の頂だけに、大峰・奥駈道の山々全体を見渡すのは絶好のポイントだ。

稲村ヶ岳山頂から山荘に戻ったら、下山は母公堂をめざす。山荘から約１時間で法力峠❹、峠から道標にしたがって北にトラバース気味に下りていけば、母公堂に出る。

母公堂から清浄大橋駐車場❺へは車道を１時間足らず。ちょっとツライがのんびりと聖地巡礼の山旅を反芻しながら歩くのもよい。

なお、地図には山上ヶ岳に登らず稲村ヶ岳を往復する場合の所要時間も記しておいたので参考にしていただきたい。

▲ 山上ヶ岳山頂部にある大峰山寺

▲ 山上ヶ岳山頂から弥山方面を望む

▲ 稲村ヶ岳に向かう尾根道

立ち寄りスポット

洞川温泉

大峰山岳宗教の門前町ともいえる洞川地区には洞川温泉センターがあり、旅館が建ち並び、龍泉寺などの寺院もある。洞川温泉センターの入浴料金は700円。温泉に立ち寄るだけでなく、温泉街のそぞろ歩きも楽しい。

土産物店などの店頭で販売している『だらにすけ』は1300年の歴史をもつ生薬。整腸によいとして買い求めるお客も多い。

登山レベル

上級

中級

初級

近畿道・阪和道・南阪奈道・京奈和道

18
標高
1895m
1915m

国道によって日帰りが可能になった関西の最高峰

弥山・八経ヶ岳

みせん・はっきょうがたけ

森林
草花
眺望
渓谷

奈良県・大峰山脈

登山シーズン	標高差	歩行時間	歩行距離
1 2 3 4 5 6 7 8 9 10 11 12	約800m	約7時間	約10km

問い合わせ先
天川村役場
0747-63-0321

▲広々とした弥山山頂

アクセスガイド

往復走行距離	約220km
往復時間	約4時間20分
往復料金(概算)	3080円

P 行者還トンネル西口駐車場(第1～第3)に計50台ほど。普通車1日1000円

吹田ICから近畿自動車道へ、松原JCTから阪和自動車道、美原JCTから南阪奈道、大和高田バイパス(無料)、京奈和自動車道を経て御所南ICで下り、国道309号を南下、行者還トンネル西口駐車場に。

なお、国道309号のみたらい渓谷から奥は、岩が覆いかぶさる細い道。そのため、距離は長くなるが国道169号を経て天ヶ瀬で右折、行者還林道を西へ向かうルートを選ぶ人もいる。

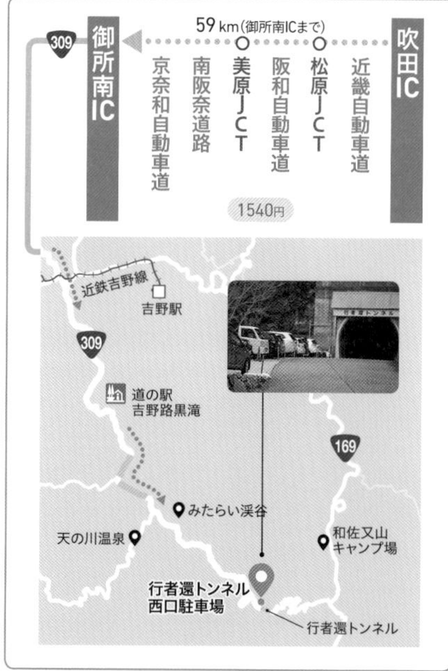

目的地
行者還トンネル西口駐車場

コースガイド

優美な奥駈道を歩く

八経ヶ岳は大峰山脈の主峰であり、関西の最高峰である。かつては少なくとも山中1泊で登る山であったが、国道309号が大峰山脈を貫通する行者還トンネルの西出口からの登山道が整備されて以降は、初心者でも日帰りで楽しめる山になった。

弥山はその八経ヶ岳の約1km強ほど北にある山塊で、日帰りで八経ヶ岳に登る場合、必ず通る山である。山頂は台地状で存在感は八経ヶ岳に勝り、弥山小屋、天河奥宮、国見八方覗など登山施設、見どころも多い。

行者還トンネル西口駐車場❶にクルマを置き、南に沢の右岸（上流に向かって左手）に沿った道を歩いて行く。10分ほどで木製の小さな橋を渡ると、尾根を奥駈道に向けて上がっていく。木製の橋から先、コース中に水場はないので、ここで水を補給しておくとよい。

広闊な九十九折の支尾根に延びる道を1時間ほど登って行くと、大峰山脈の主稜線に延びる**奥駈道出合❷**に着く。大峰山脈、行場の続く修験道というと、急峻な岩場や鎖場、行場を乗り越える道が続くと思いがちだが、八経ヶ岳に限らず大峰山脈の登山道そのものは歴史

▲奥駈道出合でひと休み

▲広葉樹のおだやかな道

▲八経ヶ岳山頂。展望は抜群

登山レベル
上級
中級
初級

近畿道・阪和道・南阪奈道・京奈和道

明星ヶ岳を往復する

山歩き「サブコース＆+α」アドバイス

八経ヶ岳の山頂から南に立枯れや倒木の尾根に延びる奥駈道を歩いて行くと、明星ヶ岳に着く（地図の—— 線）。八経ヶ岳からの往復で1時間足らずだ。

明星ヶ岳の標高は1894mだから、標高差のほとんどない稜線漫歩が楽しめる。

八経ヶ岳から南に20分ほどで弥山辻という分岐に着き、そこから数分、東に踏み跡をたどれば明星ヶ岳山頂にたどり着く。

弥山・八経・明星ヶ岳。この三山を歩けば、関西の“てっぺん”だけでなく、“屋根の大棟”をそろい踏みして歩いたことになる。

▲八経ヶ岳の山頂から明星ヶ岳に続く稜線

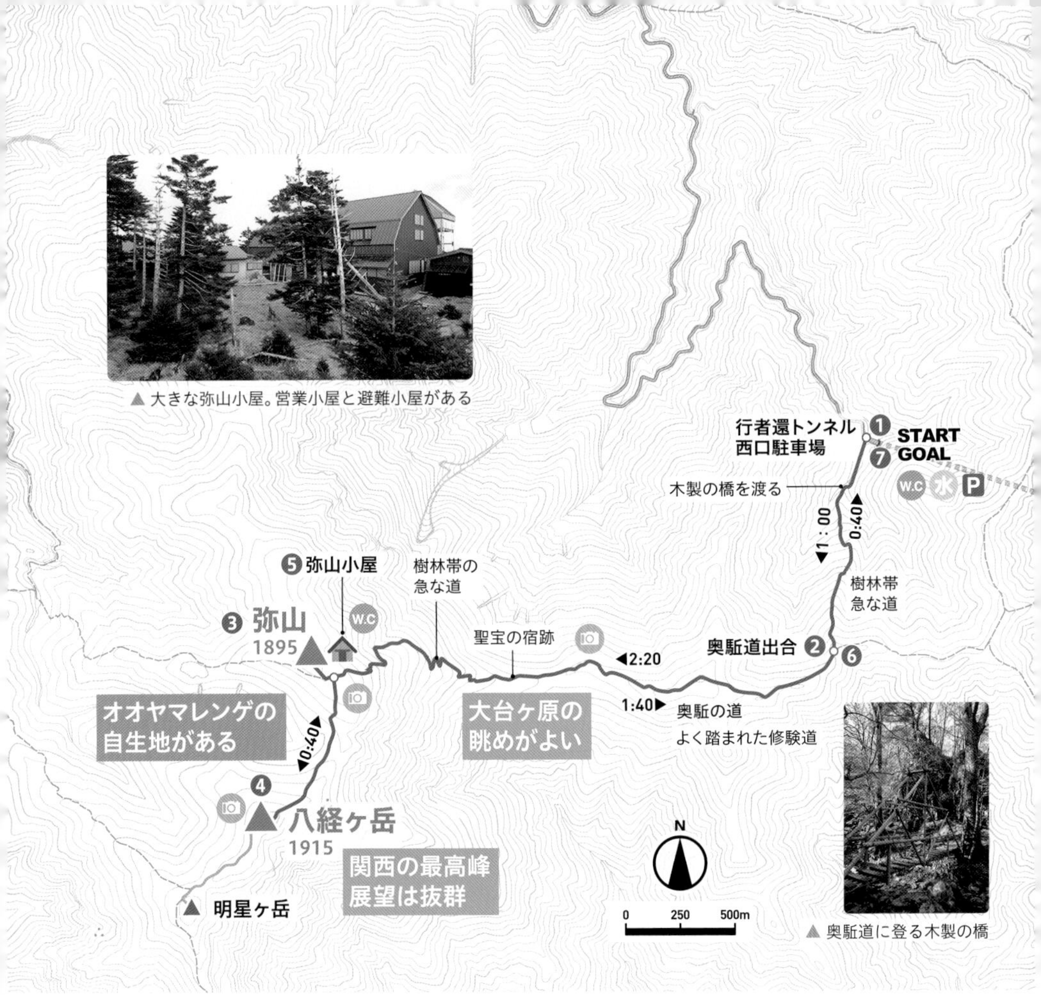

▲大きな弥山小屋。営業小屋と避難小屋がある

❶ 行者還トンネル西口駐車場 START
❼ GOAL
W.C 水 P
木製の橋を渡る
▼1：00
0:40▲
樹林帯急な道
奥駈道出合 ❷ ❻
◀2:20
1:40▶
奥駈の道
よく踏まれた修験道
聖宝の宿跡
樹林帯の急な道
❺ 弥山小屋
W.C
❸ 弥山
1895
オオヤマレンゲの自生地がある
大台ヶ原の眺めがよい
▼0:40▲
❹ 八経ヶ岳
1915
関西の最高峰
展望は抜群
明星ヶ岳
N
0 250 500m

▲奥駈道に登る木製の橋

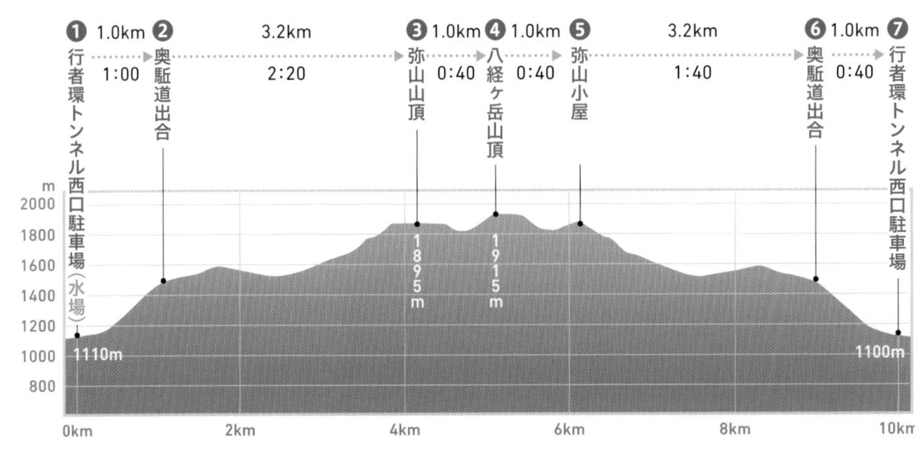

のある道が多く、行場を除くとおだやかな、のんびり歩ける道が多い。

奥駈道出合の分岐を西に歩いていく。広葉樹に囲まれた標高差があまりない道で、春にはシロヤシオの花が咲いている。石休場宿、聖宝ノ宿といった往時の宿跡もあるので、マイペースで楽しみながら歩いていこう。

理源大師像をすぎると、弥山に向けてブナに囲まれた急登になる。標高が上がるほどに、展望も開け、トウヒやシラベなどの針葉樹林の疎林のなかを登るようになる。

聖宝理源大師像から約１時間、道が緩やかになってくると、弥山の山頂台地が近い。

山上台地にある大きな弥山小屋で一休み。周囲を散策して回ろう。弥山小屋から北に5分ほど歩けば、**弥山山頂❸**だ。天河神社の奥宮が祀られている。南には伸びやかな三角錐の八経ヶ岳が指呼の間。針葉樹の黒い森に包まれ、点在する立枯れの白い幹が眩しい。

弥山小屋に戻って東の丘を2〜3分歩いて行くと、国見八方覗という苔むした台地の展望地がある。特に東の展望が雄大だ。大峰山脈北部の山上ヶ岳から大普賢岳の稜線が大きく、その先には大台ヶ原の巨大な山塊が黒い牛のように横たわっている。

関西の最高峰へ！

弥山から南に八経ヶ岳に登ってこよう。弥山小屋からの往復で１時間くらいかかる。道は明瞭で、オオヤマレンゲの植生保護のため、コース途中にはゲートが設けられている。

たどり着いた**八経ヶ岳山頂❹**は南北に細長く、展望は抜群だ。関西にここより高いところはない。その山に登頂した満足感に浸る。

なお、下山は**弥山小屋❺**を経て往路で歩いた奥駈道を戻る。登りとはまた違った眺めに感じる人もいるだろう。

確かに弥山から理源大師像への下り、**奥駈道出合❻**から**行者還トンネル西口駐車場❼**の下りでは、下を見ながら登っていたときには見えていなかった周囲の豊かな山岳景観に足をとめることも多い。

▲ 大峰から大台へ、雄大な眺め

▲ 国見八方覗への道

▲ 弥山直下の急坂

▲ 聖宝ノ宿跡

立ち寄りスポット

天の川温泉センター

天の川温泉は弥山・八経ヶ岳の北西の山麓、川合地区から県道53号をクルマで南西へ数分走ったところにある立寄り湯。炭酸水素塩泉で夏期以外は大人700円。

源泉は16度と低いが、薪ボイラーを活用して加温している点がウリだ。山と温泉、そして林業との関わりを意識しながら運営され、キャンプを楽しむ人たちも立ち寄る。

登山レベル
上級
中級
初級

19

標高 1780m

大峰山脈中部に並びそびえる"ゴジラの背"

大普賢岳

だいふげんだけ

森林 草花 眺望 渓谷

登山シーズン 1 2 3 4 5 6 7 8 9 10 11 12

標高差	歩行時間	歩行距離
約830m	約8時間30分	約11km

問い合わせ先
上北山村役場
07468-2-0001

奈良県、大峰山脈

▲奥駈道から仰ぎ見る大普賢岳の岩峰群

アクセスガイド

往復走行距離	約 230 km
往復時間	約 4 時間 40 分
往復料金(概算)	3080 円

P 和佐又山ヒュッテ・キャンプ場跡地手前に10台ほど(和佐又山ヒュッテは2019年11月をもって営業を休止、2023年7月現在、建替中)。

吹田ICから近畿自動車道へ、松原JCTから阪和自動車道、美原JCTから南阪奈道で葛城IC、新庄出口で下り、国道165号を東へ、小房(交差点)を斜めに入り国道169号、県道222号などを通り、国道169号を南下、新伯母峯トンネルを出てすぐ右折、村道和佐又大峯線を上り、和佐又山ヒュッテへ。他にいくつかルートはあるが、いずれも国道169号に向かうことに留意。

目的地

和佐又山キャンプ場

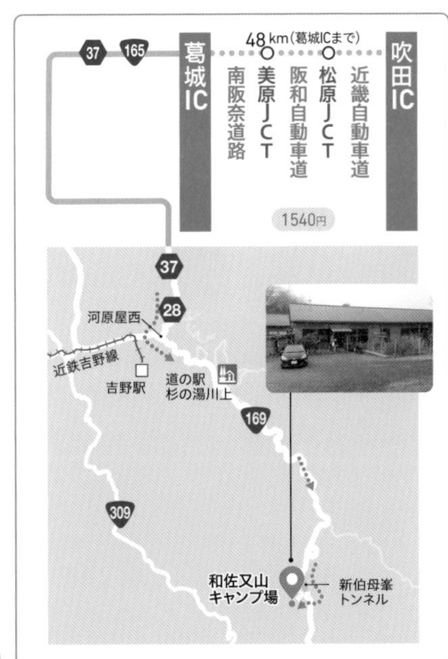

コースガイド

大峰の懐深く続く修験の道

大普賢岳は大峰山脈北部にあり、小普賢岳、日本岳と岩峰が並ぶ山容はまるでゴジラの背のようでもあり、誰もが遠くからもそれとわかるだろう。日帰りで登る場合、大普賢岳の東の山腹にある和佐又山のキャンプ場の駐車場から、無双洞、七曜岳、大普賢岳、笙ノ窟と周回するコースが変化があって楽しめる。また、その逆コースでもいいだろう。

なお、大普賢岳の登山口となる和佐又ヒュッテは、2019年11月末で営業を休止している（2023年秋に再開予定）。駐車スペースはヒュッテ跡手前にあるが、林道の開通状況も含めて事前確認をしたほうがよさそうだ。

駐車スペース❶から西へ林道を登り、キャンプ場跡地を抜け、緩やかに登ったところが和佐又のコル。帰路も通る場所なので、周囲の状況を把握しておきたい。

コルからさらに西へ山腹を横切るような道を２時間足らず歩くと、鎖場・鉄ハシゴが現れる。沢を横切り、小尾根を越えた小沢が**無双洞❷**だ。洞窟からコンコンと湧水があふれ、水簾滝になって落ちている。水の補給にも休憩にも恰好の場である。

▲ 無双洞周辺の滝を横切る

▲ 奥駈道に向かうおだやかな道

登山レベル

上級

中級

初級

和佐又山を散策する

山歩き「サブコース＆＋α」アドバイス

和佐又山ヒュッテの周辺は、かつては小さいながらもスキー場があり、2019年までは営業小屋はもちろんのこと、夏には高原キャンプを楽しむ人でにぎわっていた。デイキャンプでバーベキューを楽しんだ覚えのある人もいるだろう。

和佐又のコルに早めに戻ってきたら、和佐又山に登ってくるのもいい（地図の――線）。キャンプ場の裏の散策コースだからおだやかな道で、樹間の展望も利く。

和佐又のコルから30分で和佐又山の山頂に着き、山頂から20分ほどで和佐又山ヒュッテ跡に下りることができる。

和佐又山の尾根から西に目を向ければ、残照に黒く大普賢岳の雄姿、奥駈の山々がひと際大きい。

▲ のびやかな和佐又山周辺

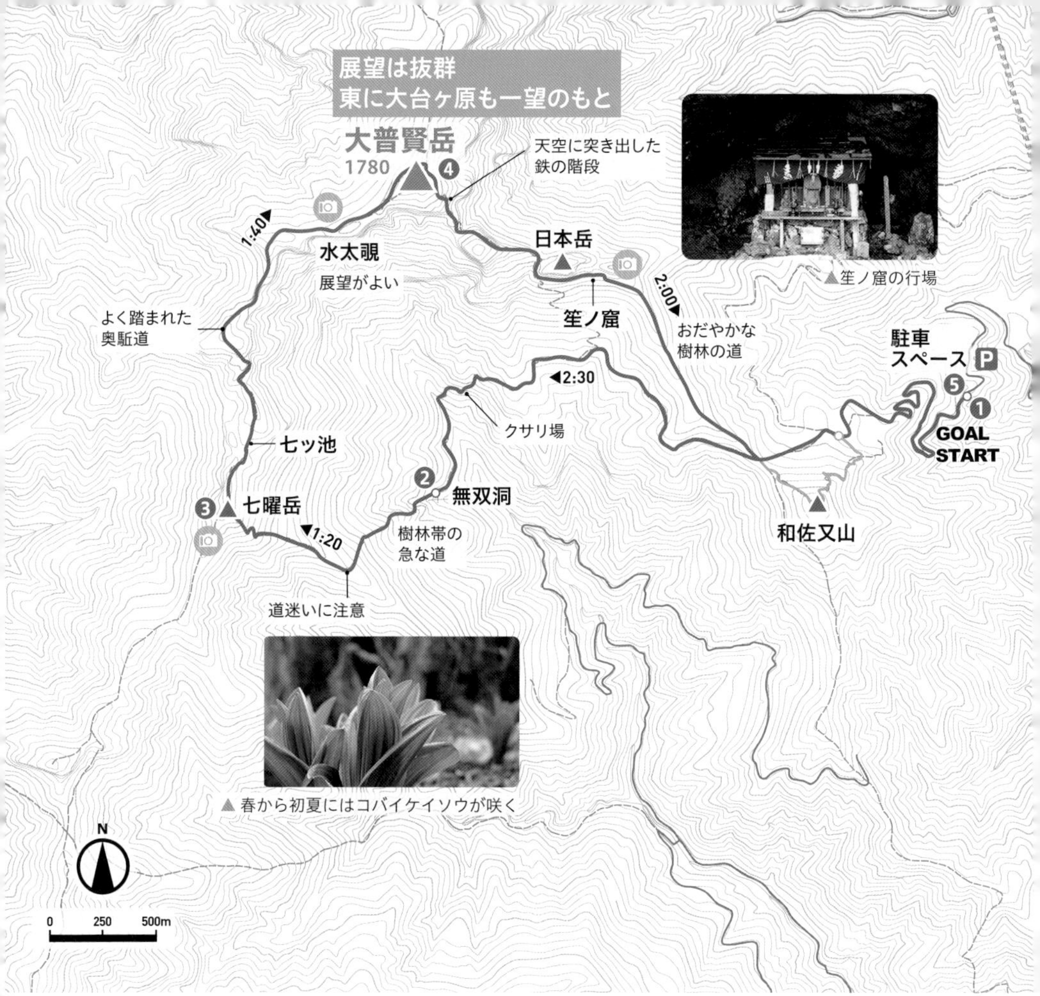

展望は抜群
東に大台ヶ原も一望のもと

大普賢岳
1780 ④

天空に突き出した
鉄の階段

▲笙ノ窟の行場

1:40▶
水太覗
展望がよい

日本岳
笙ノ窟

2:00▶
おだやかな
樹林の道

よく踏まれた
奥駈道

駐車
スペース P
⑤
①
GOAL
START

◀2:30
クサリ場

七ッ池

② 無双洞
樹林帯の
急な道

③ 七曜岳
◀1:20
道迷いに注意

和佐又山

▲春から初夏にはコバイケイソウが咲く

N
0 250 500m

　無双洞から１時間ほどは支尾根に上がるための急坂。しっとりとした九十九折の道で、黙々と登ることになる。尾根の上に出たら、尾根上を西へ向かう。逆コースをとる場合、濃霧だと、この尾根から下りるところで道迷いするケースがあるので注意したい。

　尾根上の道は少し緩やかになり、広葉樹のなかに小さな池もあり、初夏にはコバイケイソウの咲く楽しい道だ。

　無双洞から１時間半ほどで奥駈道に出て、北に数分で**七曜岳山頂❸**に着く。

　岩の重なる小さな山頂で、南に弥山の山塊がひと際大きくどっしりと構えている。

　小休止のあと、大普賢岳をめざそう。七曜岳から２時間くらいかかるが、春にはシャクナゲが咲き誇り、七ッ池や鎖場もあるブナに囲まれた森の道は明るく楽しい。

　山頂の手前の水太覗という草原のザレ場は展望もよく、大普賢岳を目の前に昼寝をしたくなる雲上の別天地だ。**大普賢岳山頂❹**へは水太覗から10分ほどで着く。

岩峰をトラバース

　大普賢岳の山頂は展望もよく、東に小普賢岳、日本岳と屹立する岩峰を見ると、「どうやって登り下りするのか」と呆れてしまうほど。だが、心配は要らない。道は大普賢岳から小普賢岳、日本岳の岩峰の裾をそれぞれ巻くように下りている。

　ただし、急斜面なので、鉄ハシゴもあれば、鎖場もある。一部、空中に飛び出すような鉄製の回廊もある。スリップしないように気をつけながら下りていこう。

　日本岳の岩峰の基部を歩いて行くと、大きな岩洞がある。笙ノ窟と呼ばれ、渇水期以外は水も補給でき、岩洞はテントを張れるくらいの広さがある。笙ノ窟から10分ほどの間に朝日窟、指弾窟という岩洞もあり、その先で南東の小尾根を下りていく。広葉樹の広い尾根の道を１時間足らず歩くと、和佐又のコルに着き、そこから20分ほどで和佐又山ヒュッテ跡を通り、**駐車スペース❺**に着く。

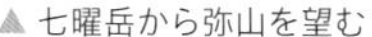

▲七曜岳から弥山を望む

▲水太覗から山頂へ

▲日本岳から和佐又山へ続く尾根

▲春霞の奥駈道。釈迦ヶ岳が大きい

登山レベル
上級
中級
初級

立ち寄りスポット

道の駅杉の湯川上

　道の駅杉の湯川上は国道169号を吉野に向けて走ると、川上村役場の側にある。

　土産物店、飲食店など道の駅そのものは大きくはないが、すぐそばに湯盛温泉ホテル杉の湯という旅館・立寄り湯のほか、森と水の源流館、丹生川上神社など見どころも多い。

20
標高
1800m

いにしえの行場・宿坊が残る大峰の秀峰

釈迦ヶ岳 しゃかがたけ

森林 草花 眺望 渓谷

登山シーズン	標高差	歩行時間	歩行距離	問い合わせ先
1 2 3 4 5 6 7 8 9 10 11 12	約1150m	約8時間30分	約12km	下北山村役場 07468-6-0001

奈良県、大峰山脈

▲ 奥駈道から釈迦ヶ岳のピラミダルな山容を望む

アクセスガイド

往復走行距離	約 290 km
往復時間	約 5 時 30 分
往復料金（概算）	3080 円

P 前鬼手前の車止めゲートの周辺に計5台ほど。その100m下手に２か所ほど計10台ほど。キャニオニングの時期は早朝に満車になることも。

吹田ICから近畿自動車道へ、松原JCTから阪和自動車道、美原JCTから南阪奈道で葛城IC、新庄出口から国道165号を東へ、小房（交差点）を斜め右に、県道222号を経て国道169号を南下、前鬼口で右折、前鬼（ゲート）へ。奈良県内北部はこのほかにもいくつかのルートがあるが、いずれも吉野と南紀を結ぶ国道169号を南に向かうことに留意したい。

目的地
前鬼口、前鬼（ゲート）

コースガイド

史跡、森林、岩峰、草原と変化に富む山

釈迦ヶ岳は大峰山脈中部の秀峰。最短コースは西の山腹・太尾登山口から尾根づたいに上がるコースがあるが、ちょっと単調な感は否めない。一方、東麓の前鬼からは大峰随一の名瀑、いまなお１軒のみ残る前鬼（小仲坊）の宿坊、懸崖の大日岳の行場など、見どころも多い変化に富んだコースだ。

標高差はあるが、早朝に発てば十分に日帰りが可能なので、ぜひトライしてみたい。

駐車スペースは国道169号の前鬼口から前鬼川に沿う林道の終点となる**車止めのゲート前❶**。車道は小仲坊まで延びているが、クサリが張られ、一般車は通行できない。

ゲートから歩いて40分ほどで**前鬼の宿坊❷**に着く。山懐にひっそりとたたずむ宿坊で、その光景だけを見に訪れるハイカーもいる。釈迦ヶ岳への道は行者堂の脇から延びている。

初めは深い杉林のなかの石畳の登りだ。30分ほどで沢を渡り、ゆったりとした谷筋を登って行くが、わかりにくいところもあるので、周辺の赤テープを見逃さないようにしたい。

標高1200mあたりから木段の道を歩く。さらに、右手に斜上するようになり小さな尾

▲前鬼に１軒だけたたずむ小仲坊という宿坊

▲二ツ岩の奇岩

▲大日岳の行場

▲山頂から延びる関西の尾根

垢離取場を探勝する

山歩き「サブコース＆＋α」アドバイス

健脚者向きだが、下山の途中、前鬼の裏行場の入口の垢離取場に行く場合は、両童子岩から数分先の小さな道標にしたがって小尾根に下りたほうが近い（地図の――B線）。

前鬼の宿坊に下る際、増水していると沢を渡渉できないためにつけられた道だ。地蔵ノ尾と呼ばれる尾根に延び、展望はほとんどなく、少し陰鬱な雰囲気もある。

なお、前鬼の宿坊から往復約2時間強で前鬼裏行場の入口である垢離取場を探勝できる。閼迦坂峠で地蔵ノ尾からの道と合流し、峠から前鬼川へと下りていく。前鬼ブルーと称される沢水は見惚れるほど、ときが経つのを忘れるほど清らかで美しい。

なお、垢離取場からさらにその奥の裏行場、三重滝などに向かう道は、ここ数年の風水害により倒木も多い。

▲澄んだ流れは前鬼ブルーとも呼ばれている

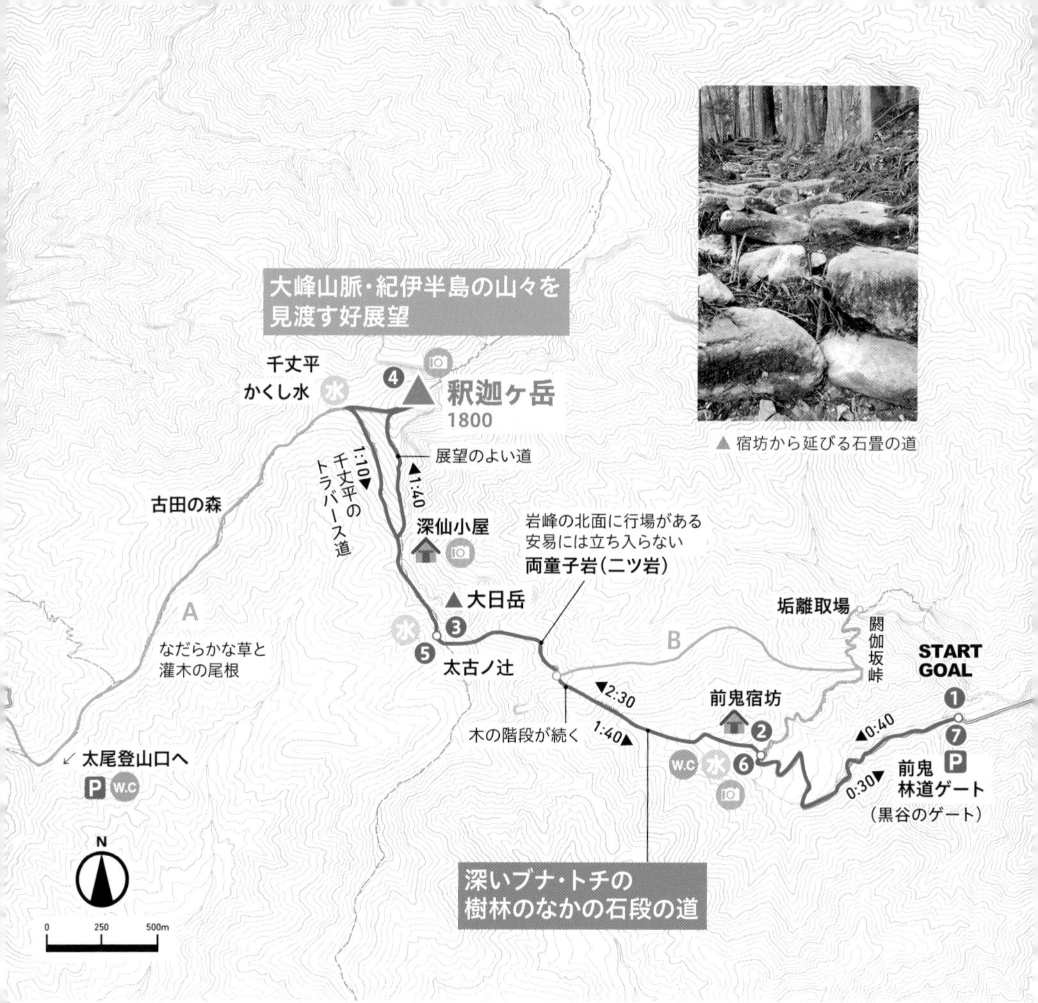

大峰山脈・紀伊半島の山々を
見渡す好展望

千丈平
かくし水 水

④ 釈迦ヶ岳
1800

展望のよい道

1:10▼
千丈平の
トラバース道

▲1:40

古田の森

深仙小屋

岩峰の北面に行場がある
安易には立ち入らない
両童子岩(ニツ岩)

▲大日岳
③
水
⑤
太古ノ辻

A

なだらかな草と
灌木の尾根

B

垢離取場
閼伽坂峠

START
GOAL
①

前鬼宿坊
②

▼2:30
1:40▲

木の階段が続く

W.C 水 ⑥

▲0:40
⑦
P
前鬼
林道ゲート
0:30▼
(黒谷のゲート)

↙ 太尾登山口へ
P W.C

N

0 250 500m

深いブナ・トチの
樹林のなかの石段の道

▲ 宿坊から延びる石畳の道

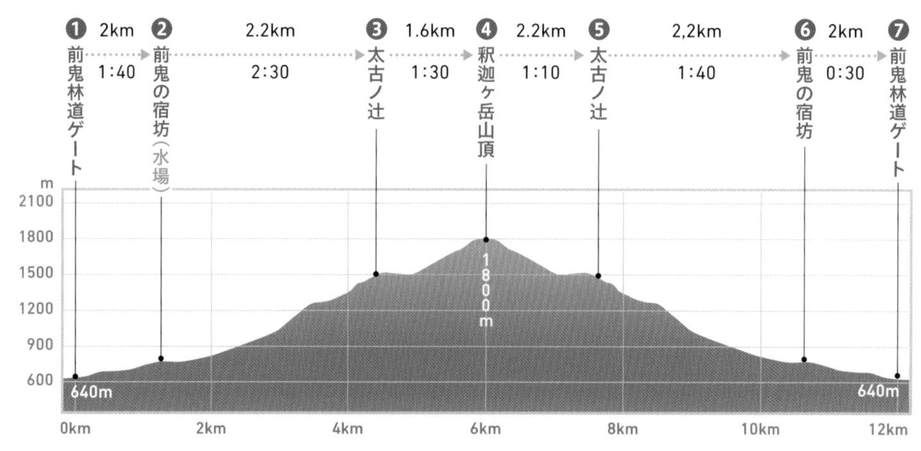

▲ 深仙小屋から望む釈迦ヶ岳の山頂

根を越えたところが両童子岩(二ツ岩)だ。小仲坊から約2時間。2つの岩が仲良く並んで天を衝くようにそびえている。

両童子岩からなおも斜上する道を歩いて行くと、ササのなかをジグザグに登るようになり、稜線に出たところが太古ノ辻❸。ここより南は南奥駈道と示す看板が大きい。北には大きく大日岳がそびえている。

釈迦ヶ岳に向けて稜線を北に向かう。大日岳の行場は懸崖に下がる鎖場を腕力だけを頼りに登るところもある。生半可な気持ちでとりつくのは絶対に禁物だ。稜線をトラバースする迂回ルートをとろう。

太古の辻から40分ほど歩くと、深仙小屋という避難小屋がある深仙ノ宿跡に着く。小屋は小さいが、香精水という水場もある。深仙ノ宿跡から山頂に向かってササと灌木の道を1時間足らずで釈迦ヶ岳山頂❹に着く。

山頂には釈迦如来像が大きく、四方の展望もよい。北には明星岳から八経ヶ岳、弥山に続く"関西の屋根"が連なる。

山頂直下にある「かくし水」へ

下山は山頂からいったん西に、山頂直下の千丈平に出て深仙の宿跡に戻るとよい。千丈平には、かくし水という水場がある。

▲ 千丈平にあるかくし水

垢離取場周辺を探勝しない場合は、深仙の宿、太古ノ辻❺、前鬼の宿坊❻、林道ゲート❼へと往路を戻る。小仲坊の手前、渡渉点の一帯は傾斜が緩いうえ、トチやブナの深い森で道迷いしやすいので注意したい。

太尾登山口から登る

釈迦ヶ岳に至る最も手軽なコースが、釈迦ヶ岳の南西の太尾登山口から登るコースだ(地図の―― A線)。クルマで奈良方面から国道168号に入り、谷瀬吊り橋の手前で林道栗平線に入り、旭ノ川に沿って上り詰めたところが太尾登山口である。

標識に従い、尾根を上がっていくと、眺めのよい稜線に出て、古田の森という小ピークを越えてそのまま登っていくと、千丈平に着く。太尾登山口から釈迦ヶ岳山頂まで2時間半ほどだ。下りは2時間足らずである。

なお、太尾登山口までの車道は落石などにより通行止めになることもあるので、事前に十津川村役場などに確認しておきたい。

立ち寄りスポット

不動七重の滝

前鬼のゲートから国道169号に出る前、前鬼川に沿う細い車道に「不動七重の滝」の大きな看板があるので立ち寄ってみよう。

大峰山脈には数えきれないほどの名瀑があるが、なかでも不動七重の滝は名瀑100選に選ばれ、7段で落差160mに及ぶ。

その壮大な滝の景観は、小さな駐車スペースからでも遠望できる。

登山レベル
上級
中級
初級

近畿道・阪和道・南阪奈道

21

標高
1344m

奈良県、奥高野

奥高野にどっしりと構える熊野・小辺路の秀峰

伯母子岳 おばこだけ

森林 草花 眺望 渓谷

登山シーズン	標高差	歩行時間	歩行距離	問い合わせ先
1 2 3 4 5 6 7 8 9 10 11 12	約690m	約6時間	約11km	野迫川村役場 0747-37-2101

▲ 広々として眺めのよい山頂

アクセスガイド

往復走行距離	約 240 km
往復時間	約 4 時 50 分
往復料金(概算)	2080 円

P 大股集落の入口に4台ほど。路肩など他に駐車できるスペースは少ない。

吹田ICから近畿自動車道へ、松原JCTから阪和自動車道を経て、岸和田和泉ICで下り、府道230号、国道480号で高野山へ。国道371号、野迫川の看板にしたがい左折、県道733号を約13kmで大股に。

なお、近畿自動車道、阪和自動車道から美原JCTで南阪奈道、大和高田バイパスを経て、橿原高田から京奈和道に入り、高野口ICから高野山に向かうルートもある。

目的地
大股登山口

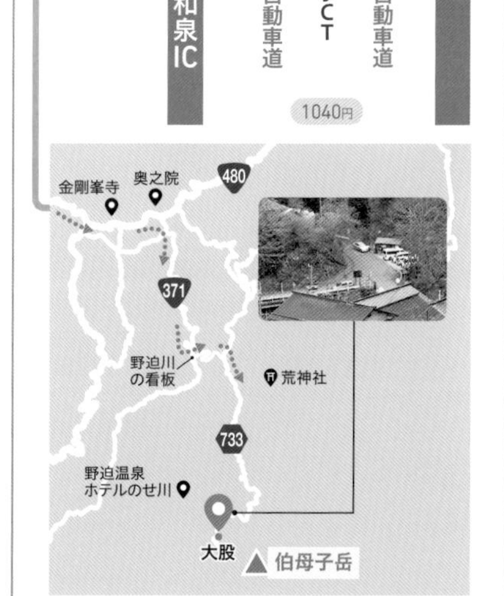

コースガイド

峠を越えた先に現れる優美な尾根

伯母子岳は高野山の南に広がる広大な奥高野と呼ばれる山域で、唯一“登りがいのある山”と呼ぶのにふさわしい山かもしれない。

奥高野は広大な山域だが、車道、林道、林業用の道路が縦横に張りめぐらされ、手軽すぎるくらいに登れてしまうか、長い林道歩きを強いられる山が多いからだ。それだけに、訪れるハイカーはそれほど多くはない。

しかし、林道からは取り残された感のある伯母子岳がのんびり登れる隠れた秀峰であることは、多くのハイカーが認めるところだ。

四方からいくつかの登山口があるが、よく登られているのは山麓の**大股登山口❶**にクルマを置き、桧峠を越えて山頂に至るコース。熊野古道の小辺路の一部でもある。

道標にしたがい、大股集落内の急坂を抜け、地蔵に導かれるように植林の道を登っていくと、1時間足らずで萱小屋跡の台地に着く。古道に溶け込むような避難小屋があり、一息つくのによいところだ。

萱小屋跡から尾根を左手に見る道をさらに1時間ほど登ると、**桧峠❷**に着く。これまで拝めなかった伯母子岳のたおやかな山容を、広葉樹の樹間に見るようになる。隠れた秀峰

▲しっとりとした小辺路の道

▲桧峠付近から伯母子岳を望む

伯母子岳遊歩道口から往復する

山歩き「サブコース＆+α」アドバイス

伯母子岳の西、遊歩道口から山頂に至るのも標高差の少ない手軽なコースの１つだ（地図の―― 線）。ただ、遊歩道口までの林道は倒木などで通行止めになることも多く、駐車スペースも大股よりさらに少なく、冬季の路面凍結も早くに始まる。

その遊歩道口からは、路肩に駐車し、往復５時間ほどで伯母子岳に登ることができる。ブナの林を抜けて山頂に近づくにつれて眺めのいいところがいくつかあるので、本コースとは別の機会に登ってみるといいだろう。

▲遊歩道入口

▲遊歩道口周辺から護摩壇山を望む

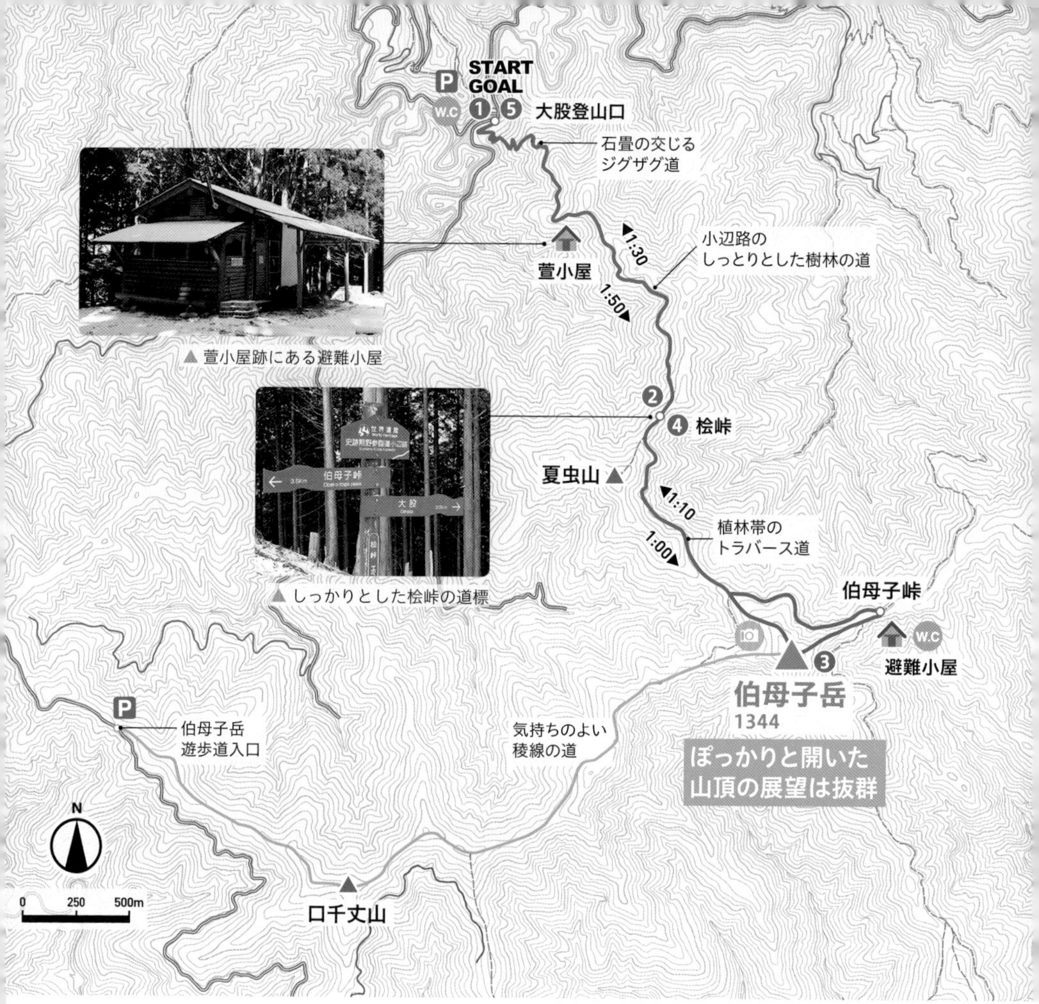

START
GOAL
❶ ❺ 大股登山口
石畳の交じる
ジグザグ道
▲1:30
1:50▶
萱小屋
▲萱小屋跡にある避難小屋
小辺路の
しっとりとした樹林の道
❷
❹ 桧峠
夏虫山
▲しっかりとした桧峠の道標
▲1:10
1:00▶
植林帯の
トラバース道
伯母子峠
避難小屋
伯母子岳
1344
❸
ぽっかりと開いた
山頂の展望は抜群
伯母子岳
遊歩道入口
気持ちのよい
稜線の道
口千丈山
N
0 250 500m

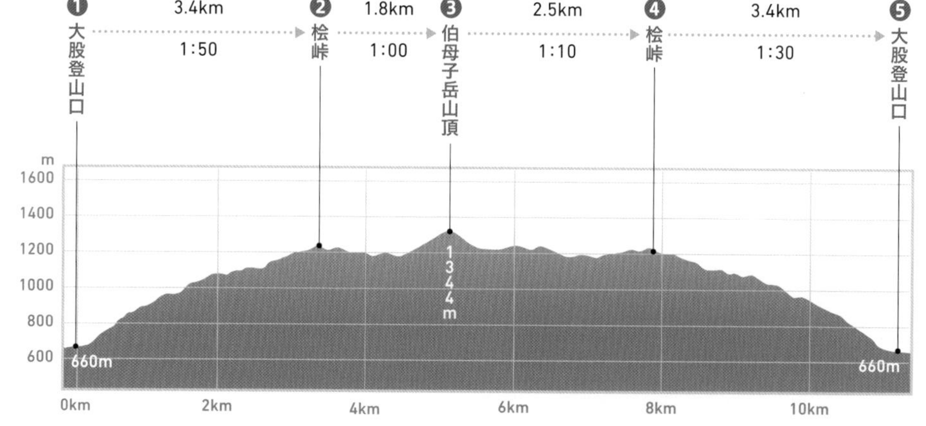

が、やっと顔や姿を覗かせる。右手に伸びる細い道は夏虫山に登る道だ。

桧峠の標高は1236m。伯母子岳の標高が1344mだから、「もう、そんなに登ったの？」と驚く人もいるだろう。逆にいえば桧峠から先は伯母子岳山頂まで標高差はあまりないのだから、雑木林のプロムナードと思ってのんびりと歩いていこう。

伯母子岳の山頂直下で、道は三方に分かれる。東に向かうのは山頂の東直下にある避難小屋に向かう道、西に向かうのは伯母子岳の西の口千丈山へと延びる道。そして、真ん中が伯母子岳の山頂に直接向かう道だ。

真ん中の道を登っていく。標高差は50mほどなので、散歩気分で歩いていける。

登るほどに疎林になり、春には若葉のなか、ツツジの花がまぶしく感じられる。積雪が多い地域ではないので、初冬や早春には樹氷のトンネルを抜けて登るような感覚だ。

分岐から20分足らず、たどり着いた伯母子岳山頂❸の展望はよく、四方の山々を見渡せる。東には大峰山脈が屏風のように連なり、西には和歌山県の最高峰である龍神岳や護摩壇山への野太い稜線が延びている。

何より、奥高野という山域の奥山の山頂でのんびりと展望を楽しむひとときが心地よい。熊野古道・小辺路を歩いたいにしえの参詣者も、きっと同じ思いだったに違いない。

避難小屋に立ち寄って下山

下山は山頂から東へ20分足らず、稜線の避難小屋に立ち寄ってから往路を戻る。

避難小屋のある伯母子峠は小辺路を南に数分下れば沢水が得られ、別棟でトイレもある。実は避難小屋の直下まで北のコノ谷から林道が延びているのだが、その林道は途中からかなり荒れているようだ。

避難小屋から西へ10分も歩けば、山頂直下の分岐に出る。あとは桧峠❹、大股登山口❺へと往路を戻ればよい。

桧峠までは隠れた名山との別れを惜しむように何度も振り返るだろう。

▲樹氷に囲まれて山頂へ

▲山頂から四方の山々を望む

立ち寄りスポット

荒神社

大股集落から高野山に県道733号をクルマで戻る際、荒神岳にある荒神社に立ち寄るのもお勧めだ。荒神岳は関西でも１、２を争う雲海の絶景ポイントである。

晩秋の放射冷却の日には、帰路ではなく往路の早朝にまず荒神岳・荒神社に立ち寄って雲海に感嘆し、それから伯母子岳の登山口である大股集落に向かうハイカーもいる。

登山レベル
上級
中級
初級

近畿道・阪和道

22
標高
1372m
1382m

ドライブがてらに散策気分！ 和歌山県の最高峰へ

護摩壇山・龍神岳

ごまだんざん、りゅうじんだけ

森林 草花 眺望 渓谷

登山シーズン
1 2 3 4 5 6 7 8 9 10 11 12

標高差	歩行時間	歩行距離
約100m	約2時間	約3.8km

問い合わせ先
龍神観光協会
0739-78-2222

和歌山・奈良県境、奥高野

▲ 朝日を浴びる稜線の道

アクセスガイド

往復走行距離	約 240 km
往復時間	約 4 時間 50 分
往復料金（概算）	2080 円

P 道の駅ごまさんスカイタワーに約80台。周辺の護摩壇山森林公園「ワイルドライフ」入口にも広い駐車スペースがある。

吹田本線ICから近畿自動車道へ、松原JCTから阪和自動車道を経て、岸和田和泉ICで下り、府道230号、国道480号で高野山をすぎて南下、国道371号（高野龍神スカイライン）に出て、道の駅ごまさんスカイタワーに。
このほか、高野山から国道371号（高野龍神スカイライン）に出て、約30km南下すれば目的地に着くルートもある。

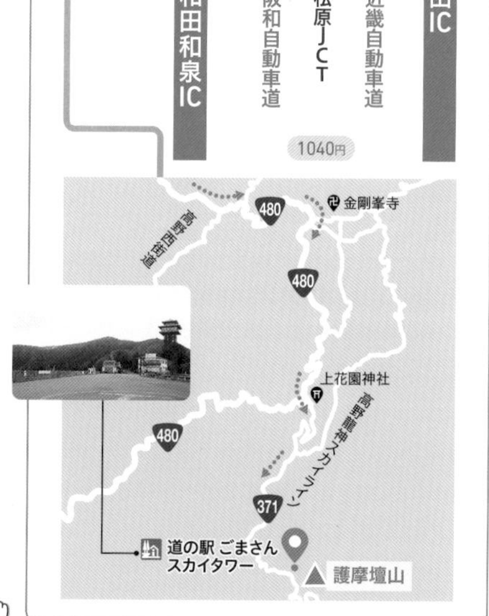

目的地
道の駅ごまさんスカイタワー

コースガイド

ドライブがてらに散策する“護摩壇三山”

護摩壇山は高野山と龍神温泉を結ぶ護摩壇龍神スカイライン(国道371号)の中間に位置し、その東の龍神岳、耳成山と合わせ“和歌山県の屋根”を形成している。山頂直下に高野龍神スカイラインの通称ごまさんスカイタワーのある道の駅があるので、その駐車場にクルマを置いて、数時間の稜線散策を楽しめる。

ごまさんスカイタワー❶から護摩壇山山頂❷は、南に石畳の階段の尾根道を歩いて20分ほど。たくさんのハイカーが歩いているので、散歩気分で登っていける。

たどり着いた山頂の展望は、実はそれほどよくない。大きな山頂碑と休憩スペースがあるが、周囲は広葉樹の疎林に囲まれている。山頂から四方の眺めを見渡すというより、むしろ、和歌山県の最高峰に連なる山域を手軽に味わうような気分で楽しむといいだろう。

山頂から東へ、龍神岳へのコースをとる。登るでも下るでもないようなしっとりとした石畳の道を、20分ほど歩いていく。展望はあまり利かないが、木立に囲まれ、特に朝には野鳥のさえずりが心地よい。

ごまさんタワーから１時間足らずで龍神

▲ 伯母子岳は朝焼けのシルエット

▲ 護摩壇山山頂で迎える朝

▲ 山頂に延びる石畳の道

登山レベル

上級

中級

初級

近畿道・阪和道

森林公園ワイルドライフを散策をする　山歩き「サブコース＆＋α」アドバイス

護摩壇山の南西には、ワイルドライフという森林公園が設けられている。護摩壇山の山頂から南西に足を伸ばし、いくつかある自然観察路を探勝するのもいいだろう(地図の――線)。コースはいくつかあるが、龍神温泉へと流れる古川源流域をトラバースするように延びる散策路は、土砂崩れのためか通行禁止になっている場合がある。

ワイルドライフ入口の広場から尾根に延びる自然観察路を公園事務所まで往復すると、約１時間半くらいかかる。野鳥のさえずりに心躍らせる散策路である。

とくに公園内には６万本を超える日本最大級のしゃくなげ園がある。護摩壇山や龍神岳は晩秋や早春がお勧めだが、5月前後に護摩壇山に行く機会があったら、ぜひ森林公園内もあわせて散策したい。

▲ 山頂直下にある森林公園入口

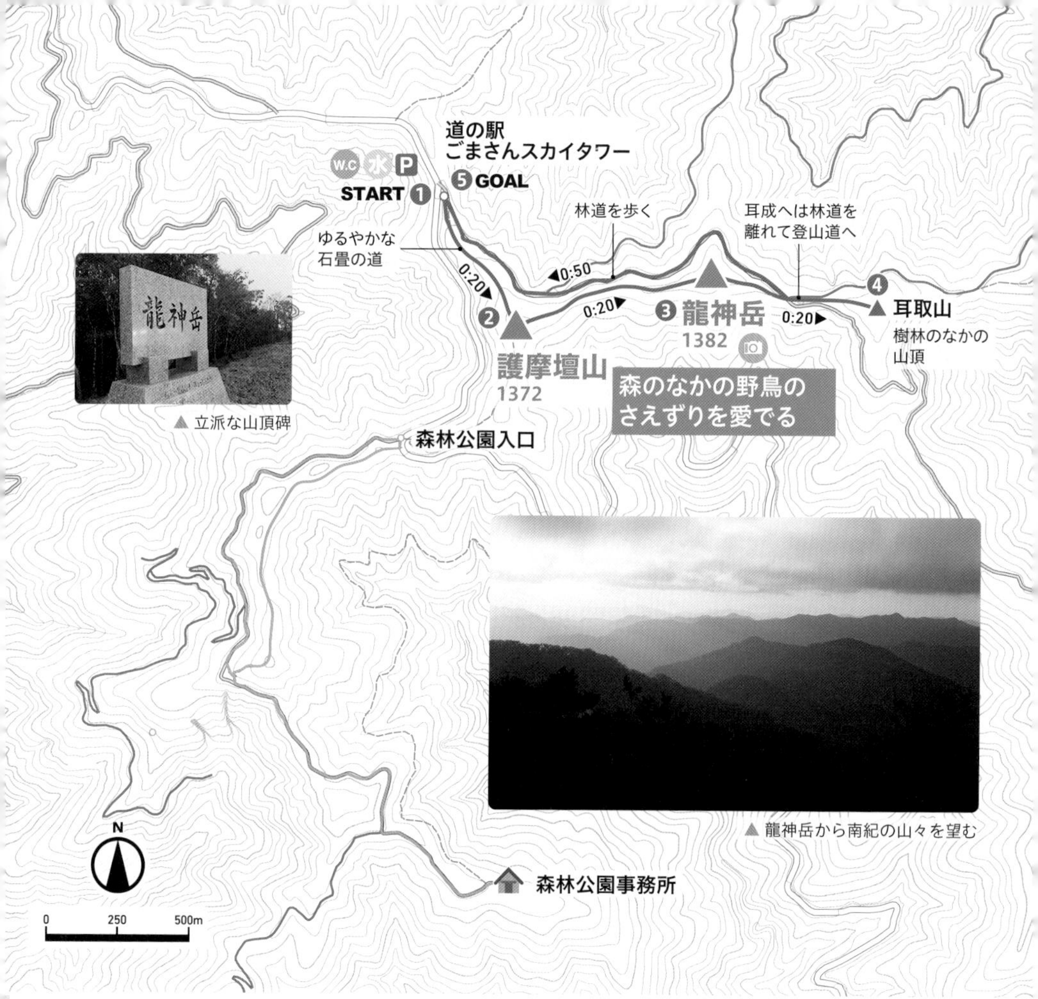

道の駅
ごまさんスカイタワー
W.C
水
P
START ❶
❺ GOAL
ゆるやかな
石畳の道
林道を歩く
耳成へは林道を
離れて登山道へ
0:20▶
◀0:50
0:20▶
0:20▶
❷
護摩壇山
1372
❸ 龍神岳
1382
❹
▲ 耳取山
樹林のなかの
山頂
森のなかの野鳥の
さえずりを愛でる
龍神岳
森林公園入口
森林公園事務所
N
0
250
500m

▲ 立派な山頂碑

▲ 龍神岳から南紀の山々を望む

❶ ごまさんスカイタワー（水場）
0.6km
0:20
❷ 護摩壇山山頂
0.7km
0:20
❸ 龍神岳山頂
0.6km
0:20
❹ 耳取山山頂
1.8km
0:50
❺ ごまさんスカイタワー
m
1500
1400
1300
1200
1270m
1372m
1382m
1270m
0km
0.5km
1km
1.5km
2km
2.5km
3km
3.5km

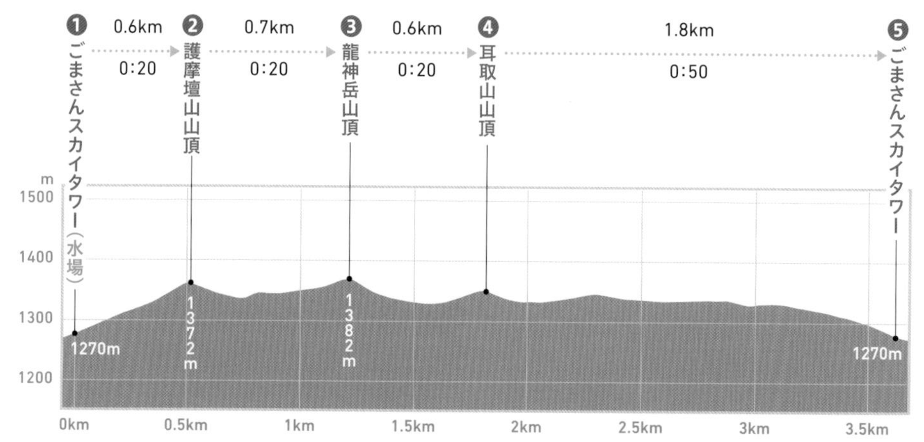

岳山頂❸にたどり着く。標高1382m。護摩壇山より10mほど標高が高く、ここが和歌山県の最高峰だ。立派な石造りの山頂碑がある。NHKのアンテナ基地（電波塔）がちょっと邪魔をしている感もあるが、展望はよい。特に、南に牛廻山、果無山脈など南紀の山々が延々と広がる姿は、特徴的な山容をしているわけではないぶん飽きない眺めだ。

「鉾尖岳はどこ？　あれが崖又山かな？」と山座同定するのも楽しいものである。

滋賀県の伊吹山とともに、関西で最も手軽に楽しめる県最高峰といったところだろう。

樹林に囲まれた耳取山へ

龍神岳から東に、耳取山にも足を伸ばしておこう。龍神岳からいったん山頂すぐ下の林道に出て、すぐ二つに分かれる林道の間に延びる稜線の道を東へ歩いていく。山頂に向かう小さな尾根の道に入って10分も登れば耳取山山頂❹だ。山頂には小さな石積みの上に木製の朽ちた山頂碑がある程度で、展望はあまり利かない。むしろ山頂にこだわらず、散策して、展望の利くところで一休みするくらいの気分のほうがいいだろう。

道の駅へは、龍神岳の東直下で横切った林道をテクテクと戻る。時折、北側に伯母子岳から延びるすっきりと優美な稜線が見える。護摩壇山、龍神岳、耳取山と“護摩壇三山”を周回してごまさんスカイタワー❺に戻ると2時間ほど。夏季は展望が利きにくいので、晩秋や早春がお勧めだ。

高野龍神スカイラインは有料道路ではないので、実は夜に星空の観察や撮影を楽しむハイカーも訪れる。広く山域全体に大きな灯りがないぶん、月明かりがなく空気の澄んだ山の夜は満天の星空だ。

星空を観察したあと、早朝に散策気分で周囲の山々を回ってくるのもよい。特に早朝は野鳥のさえずりがうるさいと感じるほど山間にこだまし、山懐に沁み入る。ただし、厳冬期は高野龍神スカイラインに夜間の通行禁止など冬季規制が設けられるので注意したい。

▲稜線にある異形の老木

▲森に包まれる耳取山の山頂

▲護摩壇山では森を楽しみたい

登山レベル
上級
中級
初級

近畿道・阪和道

立ち寄りスポット

龍神温泉

龍神温泉は島根県の湯の川温泉、群馬県の川中温泉と並び、美肌効果の高いナトリウム炭酸水素塩泉で「日本三美人の湯」の一つとして知られる名湯だ。

大阪近郊から護摩壇山に来た場合、帰路は遠回りになってしまうが、ぜひ立ち寄ってみたい。共同浴場である元湯は、大人800円で山の汗を流すことができる。

23

標高約
1000m

雲上の宗教都市を囲む老杉に包まれる山

高野三山

こうやさんざん

森林
草花
眺望
渓谷

登山シーズン
1 2 3 4 5 6 7 8 9 10 11 12

標高差	歩行時間	歩行距離
約200m	約5時間	約9km

問い合わせ先
高野町観光協会
0736-56-2468

和歌山県、高野山

▲奥の院の参詣道を歩く

アクセスガイド

往復走行距離	約200km
往復時間	約4時間
往復料金(概算)	2080円

P 高野山に駐車場はたくさんあり、どこに駐車してもよいが、四季を通じて混雑する。高野三山を歩く場合、便利なのは国道371号駐車場、中之橋駐車場か奥之院入口の一ノ橋駐車場(8台)。ただし、一ノ橋駐車場は有料。

吹田ICから近畿自動車道へ、松原JCTから阪和自動車道を経て、岸和田和泉ICで下り、府道230号、国道170号、480号で高野山に。このほか南阪奈道の葛城ICから国道170号、国道371号を経て高野山に至るルート、南阪奈道から京奈和道の橋本ICで下り国道371号で高野山に至るルートなどがある。

目的地

高野山

コースガイド

巨木を眺めて三山めぐり

開創1200年を超える日本仏教の聖地・高野山。現在は国内だけでなく海外からも多くの観光客を迎え、世界中の注目を集めている。

その山岳宗教都市・高野の奥山ともいうべき転軸山、楊柳山、摩尼山の高野三山を日帰りでめぐってみよう。鬱蒼とした杉林のなかの古道は、特に優れた展望があるわけでもなく、標高1000m内外の山々では高山植物が咲き誇るわけでもない。しかし、弘法大師が入定する奥之院をめぐるハイキングでは、誰もが「厳か」なるものを感じるだろう。

一ノ橋（奥之院口）❶から御廟所に向けて、石畳の参詣道を歩く。樹齢1000年に及ぶ杉並木に沿って、全国の諸大名の墓石、祈念碑や慰霊碑が立ち並ぶ。まず、その景観に圧倒されるだろう。世界中から多くの参拝客を集めているのもうなずける。

20分ほど歩くと、北に中之橋霊園に向かう分岐があり、参詣道を離れて中之橋霊園に向かう。分岐から20分ほどで、転軸山公園、森林学習展示館などが近いバス停に出る。

高野山の街中には車道・林道、参詣道やハイキング道などがたくさんあるので、道標を確

▲ 転軸山への杉林の道

▲ 天を衝く一本杉

ナイトツアーにGO!

山歩き「サブコース＆+α」アドバイス

▲ 灯籠のなか、参詣道を歩いていく

事前予約、また、日にちが限定されるが、高野山では、一ノ橋近くの恵光院から奥之院御廟所までのナイトツアーを実施している。

夕闇迫る７時から約１時間半、ガイドから高野山の歴史、弘法大師、真言密教、墓碑、伝説などの話を聞きながらのナイトツアー。幻想的な雰囲気に包まれた高野山の荘厳さがぐっと凝縮されたツアーだ。

詳細は、高野町の観光協会のほか、下記などで確認していただきたい。
https://www.night.koyasan-okunoin.com/

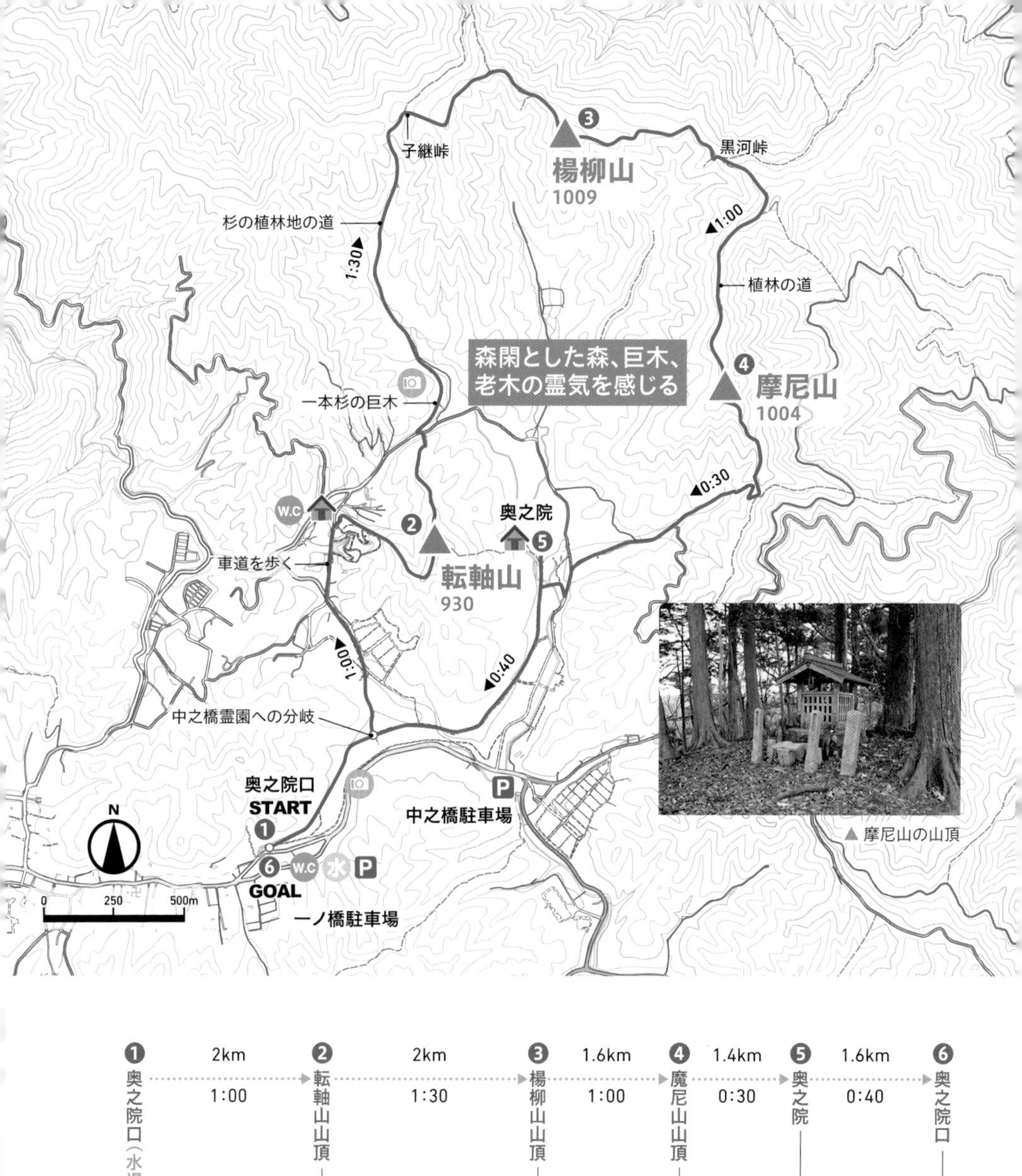

子継峠
楊柳山
1009
黒河峠
杉の植林地の道
1:30
1:00
植林の道
森閑とした森、巨木、
老木の霊気を感じる
摩尼山
1004
一本杉の巨木
0:30
奥之院
転軸山
930
車道を歩く
1:00
0:40
中之橋霊園への分岐
奥之院口
START
GOAL
中之橋駐車場
一ノ橋駐車場
N
0
250
500m
W.C
水
P
▲ 摩尼山の山頂

奥之院口（水場）
2km
1:00
転軸山山頂
2km
1:30
楊柳山山頂
1.6km
1:00
魔尼山山頂
1.4km
0:30
奥之院
1.6km
0:40
奥之院口
m
1400
1100
1000
900
800
700
810m
1009m
810m
0km
1km
2km
3km
4km
5km
6km
7km
8km
9km

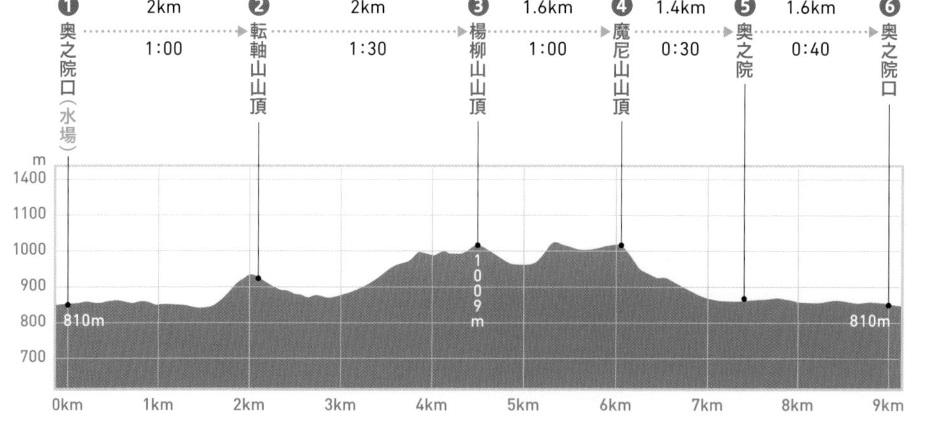

かめながら歩いていこう。

転軸山公園の池の畔から転軸山に向けて明瞭なハイキング道を登って行く。鬱蒼とした植林の道だ。自分１人だけなら、登る足音を身近に感じるくらい深閑としている。

30分足らずで**転軸山山頂❷**に着くが、鬱蒼とした森に囲まれ展望はない。小さな祠にお参りし、北に延びる道を歩いていこう。20分ほどで車道を横切ると、すぐ北に一本杉という巨木が周囲に広がる杉の森を圧し、天に衝き上げるように屹立している。

ハイキング道は一本杉から北に、広谷沿いに延びている。鬱蒼とした杉林のなかを30分強、たどり着いたところが子継峠だ。高野街道（黒河道）と楊柳山への道を分ける峠で、小さな地蔵と祠がある。いにしえの道、その滋味を感じさせる雰囲気に包まれている。

楊柳山へは子継峠から東に40分ほど。急坂を越え、雪池山への道の分岐を右手（南東側）に向かうとたどり着く。

植林に包まれた明瞭な道は、展望が利かなくても、静かに味わうように登る楽しみがある。たどり着いた**楊柳山山頂❸**は広く、楊柳観音と祠がある。物音１つしない静かな山頂。高野の寺院群の人の多さが嘘のようだ。

樹間から南の展望がわずかに利き、昼食で一休みするのによいだろう。

摩尼山に縦走する

楊柳山の山頂から東に、時折、杉やイヌブナの老木を愛でながら歩いて行くと、20分で小さな地蔵のある黒河峠。黒河峠から約40分で**摩尼山山頂❹**に着く。

杉林、巨木、峠、祠、地蔵……。快哉を叫ぶような展望はまったくないが、「雲上の山岳宗教都市を囲む静かな里山の風情」がぞんぶんに感じられる道である。

摩尼山の山頂から南に10分で摩尼峠。**奥之院❺**に向けて西へ下りていく。

奥之院からは、日本仏教の聖地が醸し出す荘厳さを感じながら、**一ノ橋（奥之院口）❻**まで参詣道を戻る。

▲ 転軸山の尾根を行く

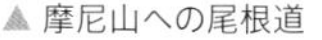

▲ 摩尼山への尾根道

▲ 子継峠の祠

立ち寄りスポット

高野山奥之院

クルマならバスやケーブルカー、電車の時間を気にせず、気の向くまま高野山に点在する名所・旧蹟・寺院の数々を訪ねてみたい。なかでもこのコースのエンディングといえる奥之院は、必見のスポットである。

燈籠堂、弘法大師御廟、頌徳殿などが立ち並ぶ院内を散策する。ちなみに、奥之院内の写真撮影は厳しく禁じられている。

24

標高
870m

午後からがベスト！　ススキの穂なびく草稜を散策

生石ケ峰

おいしがみね

森林
草花
眺望
渓谷

和歌山県、長峰山脈

登山シーズン

1 2 3 4 5 6 7 8 9 10 11 12

標高差

約100m

歩行時間

約2時間

歩行距離

約2km

問い合わせ先

紀美野町観光協会

073-488-2611

▲ 夕照のススキが広がる大草原

アクセスガイド

往復走行距離	約 240 km
往復時間	約 4 時間
往復料金（概算）	4220 円

P　生石高原駐車場（第1、第２）に合計50台以上。

吹田ICから近畿自動車道へ、松原JCTから阪和自動車道を海南東ICで下り、阪井バイパス、県道169号の小川橋南詰（交差点）を右折して県道180号に入り、看板にしたがい県道184号を生石高原に。

なお、生石高原に向かう県道184号は行楽客などの交通量が多いわりには狭い。対向車とすれ違うときは、早めに通行を伝えたり、道を譲るなどの注意をしたい。

吹田IC
28km
近畿自動車道
松原JCT
71km
阪和自動車道
2110円
海南東IC
18
169
阪井バイパス

169
小川橋南詰
180
小川の郷直売所
184
生石高原駐車場
生石高原

目的地

生石高原

コースガイド

秋晴れの昼下がりから登ろう！

生石ヶ峰は和歌山市の南東を東西に延びる長峰山脈の主峰。周辺は生石高原の名で親しまれ、秋には高原がススキに包まれる。

三重・奈良県境の倶留尊山などとともに、関西のススキの名所として秋にはたくさんのハイカーが訪れる山である。瀬戸内海に沈む夕陽にススキの穂が輝く秋晴れの午後にハイキングするのがベストだ。

生石高原の一角にある**生石高原駐車場❶**にクルマを置き、「山の家・おいし」という町営の土産物店の脇をススキの穂に導かれるように登っていく。10分も登れば笠石という大きな岩に出る。

弘法大師を祀る小さな祠があり、展望は抜群だ。西に有田市、その先に淡路島、瀬戸内、四国の山々までよく見渡せる。

午後には瀬戸内海が逆光にまぶしく、ときに妖しく輝く。海を見渡すススキの丘の昼下がりは、幻想的な雰囲気に包まれる。

▲ツリガネニンジンなど山野草もたくさん

▲アザミなど花も多い

▲ファミリーハイクにも最適

▲草原に横たわる笠石周辺

登山レベル
上級
中級
初級

近畿道・阪和道

生石神社を周回する

山歩き「サブコース＆＋α」アドバイス

▲明瞭な道標

生石高原の駐車場から生石ヶ峰の山頂をゆっくり回るだけなら２時間ほどあれば十分で、半日ハイキングとしてもちょっともの足りないかもしれない。その場合は山頂から東に生石神社に下り、生石高原をぐるりと回る車道を戻るもいいだろう（地図の──線）。

生石ヶ峰の山頂から生石神社へはいったん北に下り、分岐を東に下りて行く。ススキの原から植林のなかの道となり、下りきったところが生石神社だ。

神社名の「生石」は「しょうせき」と読み、本殿裏の巨大な立岩（夫婦岩）は神社の御神体である。生命を生む夫婦になぞらえた巨岩をご神体とする神社が生石神社であり、それが生石ヶ峰の山名の由来となっているということだろう。

生石神社からは車道を南に歩き、生石高原を右手に見て緩やかに登るように歩いていけば、神社から１時間強で駐車場に着く。

車道は登るほどに高原のススキのなかを通るようになる。途中から笠石のある尾根に登って車道をエスケープする登山道もあるので、その道を登ってもよい。

▲生石神社の脇に下りてくる

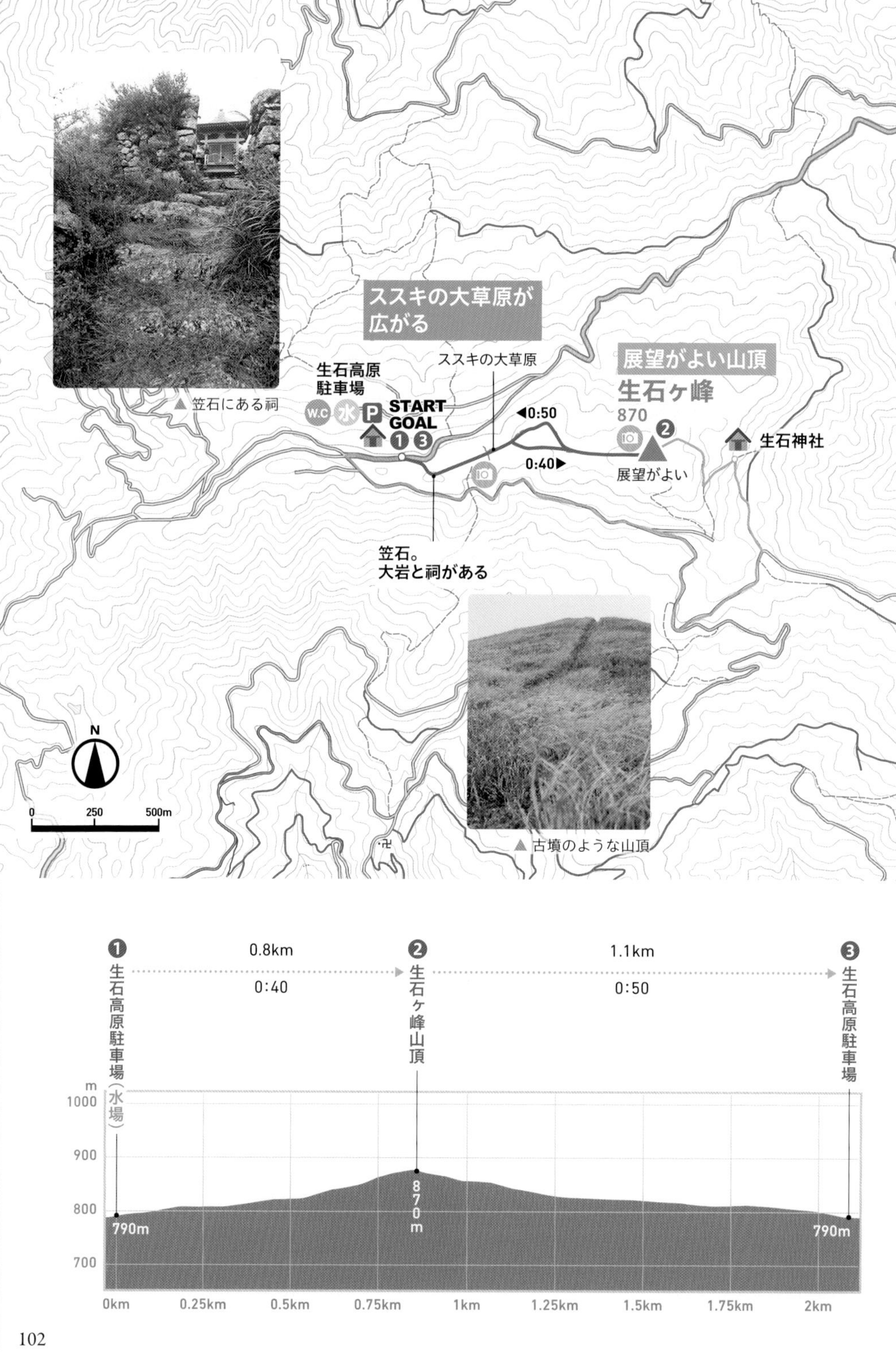
▲笠石にある祠
ススキの大草原が広がる
ススキの大草原
生石高原駐車場
W.C 水 P
START GOAL
1 3
◀0:50
0:40▶
展望がよい山頂
生石ヶ峰
870
2
展望がよい
生石神社
笠石。大岩と祠がある
▲古墳のような山頂
N
0 250 500m
1 生石高原駐車場(水場)
0.8km
0:40
2 生石ヶ峰山頂
1.1km
0:50
3 生石高原駐車場
m
1000
900
800
700
790m
870m
790m
0km 0.25km 0.5km 0.75km 1km 1.25km 1.5km 1.75km 2km

▲雲間に広がる南紀の山々

実は笠石が「生石」という山名の由来と思っている人が多いが、山名は山頂の東斜面にある生石神社に由来するようだ。

笠石から、ススキの穂のなびく草原を東に歩いていこう。多くのハイカーや観光客が訪れるので道は明瞭で、鼻唄まじりに散策できるくらいのびやかな道である。

笠石から30分ほど、古墳のような小高い丘が**生石ヶ峰山頂❷**だ。広いスペースで、さえぎるものはまったくない。西に、牛の背のように生石高原の草原がうねっている。

駐車場から山頂までわずか1時間足らずの行程だ。往復するのに2時間あれば十分。ただただゆっくりのんびりと、季節の山野草でも確認しながら草原散策を楽しみたい。

笠石で迎える夕日

下山は日没の時刻を確認しながら**生石高原駐車場❸**に戻る。生石高原の尾根には2つのコースがあるので、往路と帰路で別のコースを歩いてもいいだろう。所要時間はほとんど変わらない。時間が許せば、笠石あたりで夕方の残照を眺めるのもいい。晩秋には黄金に輝くススキの穂がことのほか美しい。

ただし、夕暮れどきは急に気温が低下することもある。その心配があれば駐車場や「山の家おいし」あたりでお茶でも飲みながら、のんびり夕暮れを待って、あらためて、5～10分登って日没を迎えるのもいいだろう。

▲駐車場付近から笠石、山頂を望む

立ち寄りスポット

生石神社

和歌山県神社庁によると、「4月29日の山開きより、ススキの穂がたなびく秋までハイカーで賑わい、ことに女性の参拝がめだつ」とされている。また、「例祭の10月14日には御輿、獅子舞、投げ餅も行う」とも。

深い社叢に包まれ、ひっそりとたたずむ神社。クルマで社殿まで数分の参道入口までは行けるので、立ち寄ってみてもいいだろう。地元に愛され、親しまれている神社である。

25

標高 1262m

幾重にも果てしなく折り重なる山の波

冷水山

ひやみずさん

森林 草花 眺望 渓谷

登山シーズン 1 2 3 4 5 6 7 8 9 10 11 12

標高差 約200m

歩行時間 約3時間

歩行距離 約4.8km

問い合わせ先 龍神観光協会 0739-78-2222

奈良県、果無山脈

▲ ぽっかりと広けた山頂から北の山並みを望む

アクセスガイド

往復走行距離	約 380 km
往復時間	約 7 時間 20 分
往復料金(概算)	4540 円

P 冷水山南直下の路肩に5台ほど置ける広い駐車スペースがある。

吹田ICから近畿自動車道へ、松原JCTから阪和自動車道を有田ICで下り、県道22号、国道425号、国道371号を経て、県道735号へ。丹生ヤマセミ温泉館の手前で右折し、スーパー林道龍神本宮線を約14kmで果無橋を越えたところが冷水山駐車スペース。山深い地域であり、特にスーパー林道龍神本宮線は風水害等で通行止になっていることもある。事前に地元役場等で確認したい。

目的地 果無山脈縦走路入口

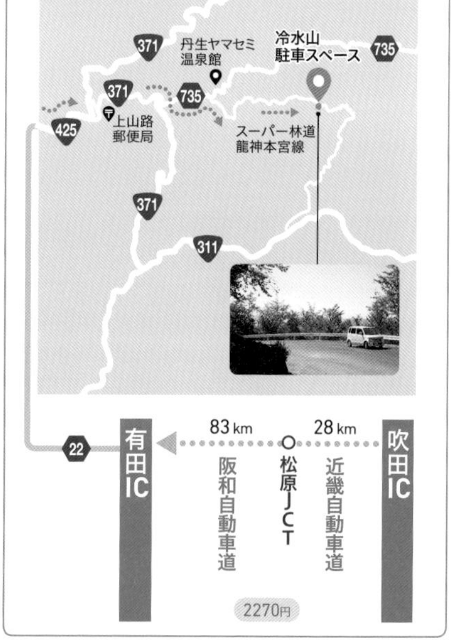

コースガイド

どこまでも歩きたくなる稜線

冷水山は紀伊半島南部を東西に延びる果無山脈の最高峰である。どこから訪ねても遠い山で、奥高野の伯母子岳を「隠れた名山」とするなら、冷水山は「隠れた名山の陰に隠れた名山」ということになるだろうか。

だが、果無山脈の西半分の稜線直下に延びるスーパー林道龍神本宮線が整備されてからは、遠い山ではあるものの縁遠い山ではなくなくなった。特に早春や晩秋に日帰りのハイカーを迎えるようになっている。

龍神本宮線の縦走路入口の東、果無橋から300mほど南東にある広い路肩の**駐車スペース❶**にクルマを置き、小さな道標にしたがって冷水山に向けて直登するコースをとる。晩秋は道が落葉に埋もれてわかりにくいが、ヤブをかき分けて登るわけではないので、ゆっくり確かめながら登っていこう。周囲は樹林に囲まれ、ツバキやヒメシャラが目を引く。登っている間、稜線までは展望がほとんどない。

40分ほど一歩一歩登っていくと、ちょっとうんざりした気持ちが一瞬で晴れる。果無山脈の稜線だ。春ならシロヤシオの花がそこかしこで咲き誇っている。

▲ 照葉樹の森の道を登る

▲ 稜線に出れば、山頂はすぐそこだ

登山レベル
上級
中級
初級

中辺路の名所をたずね歩く

山歩き「サブコース＆+α」アドバイス

果無山脈の南には、熊野古道の中辺路が通っている。クルマでの立寄りともなるが、帰路、時間があれば中辺路の要衝のいくつかを訪ね歩くのも楽しい。

▲ 発心門王子。インバウンドの観光客も多い

手軽に寄ることができるのは、発心門王子、三浦峠、小広王子など。最近では、日本人より海外からの観光客のほうが多いくらいだ。ちょっと立ち寄って散策するだけで、“熊野古道気分”に浸ることができるだろう。

▲ 立派な熊野古道碑がある

なお、中辺路は台風被害などで、通行止になっている区間、迂回路をたどる区間がある。事前に確認しておきたい。

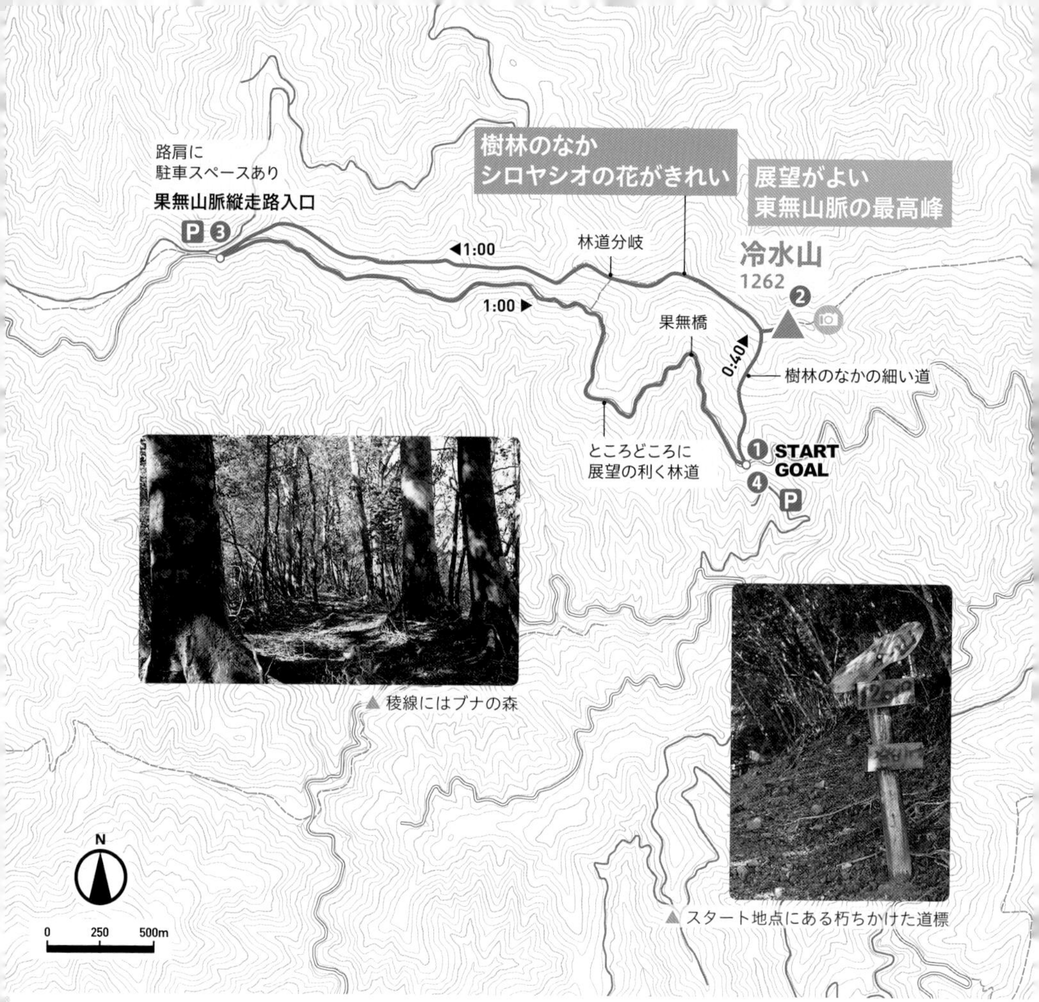

路肩に
駐車スペースあり
果無山脈縦走路入口
P 3
樹林のなか
シロヤシオの花がきれい
展望がよい
東無山脈の最高峰
冷水山
1262
2
◀1:00
林道分岐
1:00 ▶
果無橋
0:40▶
樹林のなかの細い道
ところどころに
展望の利く林道
1 START
GOAL
4 P
N
0 250 500m

▲ 稜線にはブナの森

▲ スタート地点にある朽ちかけた道標

1 駐車スペース
0.7km
0:40
2 冷水山山頂
2km
1:00
3 果無山脈縦走路入口
2.1km
1:00
4 駐車スペース
m
1500
1400
1300
1200
1100
1000
1070m
1262m
1070m
0km
0.5km
1km
1.5km
2km
2.5km
3km
3.5km
4km
4.5km

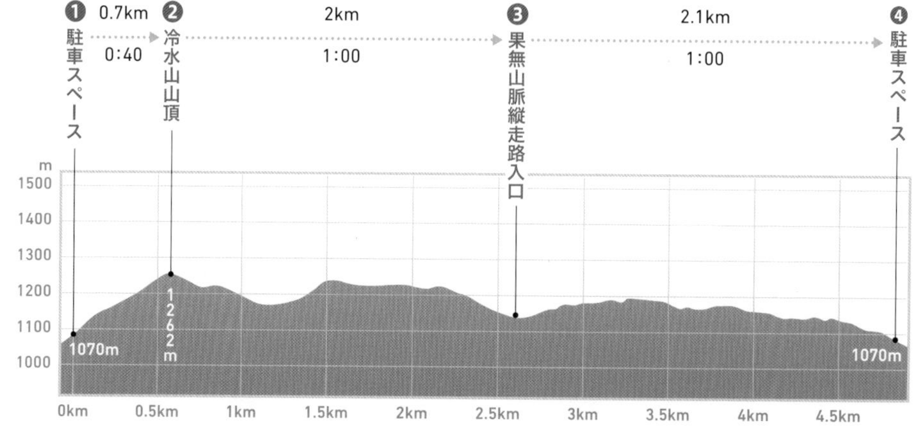

稜線を東へ、冷水山山頂❷はほんの数分、登ったところにある。駐車スペースから稜線までが少し鬱陶しい道だっただけに、山頂の一帯は、まさに自分たち専用の展望庭園にいるようにも感じるだろう。

眺望は南北ともに大きく、延々と南紀の山々が広がっている。紀伊半島のなかでも奥高野という山域は、小さな山脈が幾重にも東西に延びている。その山岳景観は、まさに冷水山に打ち寄せる波のようだ。

昼食に、山座同定に、昼寝に、思い思いの時間をすごそう。いつまでも見飽きない展望が、この山頂にはある。できれば、果無山脈を縦走してみたいという気持ちも湧いてくる。しかし、そのためには最低でも山中でテント泊が必要で、次の機会に譲ることにしよう。

少しだけ稜線歩きを楽しむ

果無山脈は標高こそ1000m強で高くはないものの、どこまでも歩き続けたくなる稜線が続く。そこで、冷水山から西に、果無山脈縦走路入口まで稜線歩きを楽しんでみよう。

稜線はあまり展望は利かないが、ブナの古木があり、ヒメシャラの若木があり、その間に春、5月にはヤシオやツツジ、シャクナゲなどの白や赤の花々がアクセントのように咲いている。稜線上の小さな名もない山、黒尾山など、いくつかの登り下りを繰り返し、山頂から1時間強でクルマを数台だけ駐車できる果無山脈縦走路入口❸に着く。

途中2か所ほど稜線の南斜面を走る林道に下りる枝道と、そのことを示す印があるので、確認しておきたい。

果無山脈縦走路入口からは、展望を楽しみながらスーパー林道龍神本宮線を1時間ほど歩けば駐車スペース❹に着く。

なお、逆コースで果無山脈縦走路入口から冷水山に登り、山頂からスーパー林道龍神本宮線に下り、果無山脈縦走路入口に戻る場合は、山頂からスーパー林道龍神本宮線に下る道の分岐がわかりにくく、また、龍神本宮線は登り基調になるなどの難点がある。

▲ のんびりできる芝の山頂

▲ 果無山脈縦走路入口

▲ スーパー林道から稜線を望む

立ち寄りスポット

丹生ヤマセミ温泉館

果無山脈の西の起点にあるのが丹生ヤマセミ温泉館。古い学校の校舎やグラウンドを活用した施設で、キャンプ場もあり、野猿という川を渡る籠の渡しもあり、大人も子どもも誰もが楽しめるところだ。

泉質はアルカリ性単純泉。入浴料は大人800円で、冬季は休館になる。

26

標高 897m

大阪南部に広がるカヤトの尾根

岩湧山

いわわきさん

森林 草花 眺望 渓谷

大阪府、和泉山脈

登山シーズン

1 2 3 4 5 6 7 8 9 10 11 12

標高差 約480m

歩行時間 約3時間30分

歩行距離 約5km

問い合わせ先

河内長野市観光協会

0721-55-0100

▲ 山頂部の草原から和泉山脈を望む

アクセスガイド

往復走行距離	約 120 km
往復時間	約 2 時間 30 分
往復料金(概算)	2080 円

P 岩湧の森駐車場は第１から第６まで6つの駐車場に分かれ、合計70台ほど。岩湧山に登る場合は、第１駐車場が便利である。

吹田ICから近畿自動車道、松原JCTから阪和自動車道、美原北ICを下り、国道309号、国道170号に、上原町(交差点) を左折して国道371号を三日市町に向かい、青葉台を通り南青葉台(交差点)から府道221号を南下し岩湧の森に。吹田起点とする場合、同じ大阪府下で遠方でもないので、阪神高速を使うルート、国道170号(大阪外環環状線)、310号など下道を行くルートもある。

目的地

岩湧の森

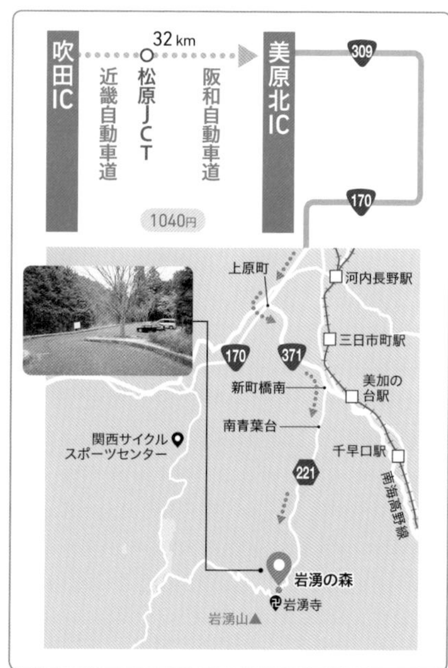

コースガイド

大阪南部に広がる草原の山頂

岩湧山は、奈良県香芝市の屯鶴峯から、二上山、大和葛城山、金剛山、大阪府和泉市の槇尾山を結ぶ全長約45kmに及ぶダイヤモンドトレールにあって、山頂部にはカヤの草原が続き、展望のよい山として知られる。マイカー登山の場合、駐車場のある岩湧の森からの周回コースが手軽で森や渓流も楽しめる。

6か所ある**岩湧の森駐車場❶**から、「いにしえの道」を登っていく。すぐに出会うのは長寿水の水場。そこで水を補給し、20分ほどで四季彩館という休憩所、岩湧寺の一角に着く。駐車場から、車道を四季彩館に上がっても、さほど時間は変わらない。

四季彩館は軽食・喫茶もできるが、まずここでトイレを済ませておこう。

岩湧山山頂への道はいくつかあるが、「きゅうざかの道」を上がっていく。急坂というものの適度に平坦なところもあり、小気味よく高度を稼げる植林と雑木林の道が続く。

四季彩館から50分ほどで、森のなかの稜線にある分岐に着く。**岩湧山東峰❷**だ。美しい植林のなかを、よく踏まれたダイヤモンドトレールがすっきりと延びている。

分岐を西（右手）に５分ほど歩き、下りきった鞍部にトイレがある。そのトイレの先から、いよいよカヤの草原を登る。ちなみにこのカヤ場は地元滝畑自治体の所有地である。

トイレから10分足らずで**岩湧山山頂❸**に着く。少し西へ下りたところのほうが、いちだんと展望はよい。

▲「きゅうざかの道」。下りに利用する人が多い

▲植林のなかの岩湧山東峰

眼下に大阪平野と大阪湾、西には紀泉高原の山並みが大きい。北東には金剛山、大和葛城山が大きく裾野を広げている。

下山は**岩湧山東峰❹**を経て、ダイヤモンドトレールを東に30分ほど歩き、五ツ辻の手前の分岐（**いわわきの道下り口❺**）から下りていく。分岐から20分、小尾根に延びるみはらしの道を分け、山腹をトラバースする道を進むと、サワグルミの巨木があるウッドデッキの展望台に着く。傍には湧き水も出ている。

道は岩湧寺に向かう「いわわきの道」と、谷筋を下りて行く「ぎょうじゃの道」に分かれる。「ぎょうじゃの道」で、40分ほど滝や渓流のせせらぎと野鳥のさえずりを楽しみながら下ると長寿水に出る。**駐車場❻**はすぐそこだ。

登山レベル　上級　中級　**初級**

近畿道・阪和道

岩湧の森を散策する

山歩き「サブコース＆＋α」アドバイス

岩湧山の北の山腹に広がる岩湧の森には、「いわわきの道」「きゅうざかの道」「ぎょうじゃの道」「みはらしの道」「いにしえの道」「すぎこだちの道」など、いくつもの森林浴コースが設定されている（地図の――線）。散策路の状況は四季彩館で得られる。

▲岩湧の森の起点「四季彩館」

▲岩湧寺。秋にシュウカイドウが咲く

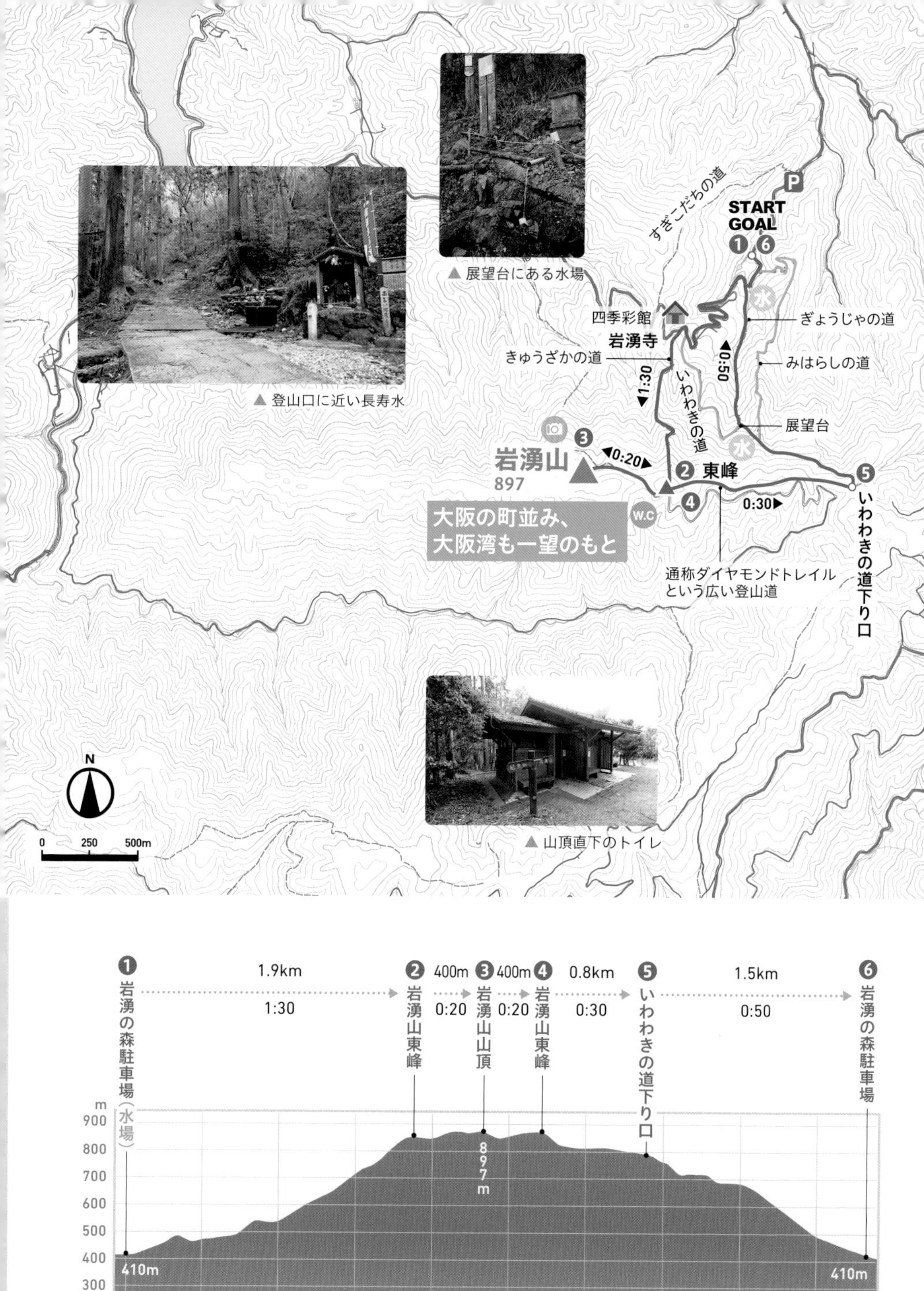

展望台にある水場
登山口に近い長寿水
山頂直下のトイレ
すぎこだちの道
START
GOAL
1 6
四季彩館
岩湧寺
ぎょうじゃの道
きゅうざかの道
みはらしの道
1:30
0:50
いわわきの道
展望台
3
岩湧山
897
0:20
2 東峰
4
5
0:30
いわわきの道下り口
大阪の町並み、
大阪湾も一望のもと
W.C
通称ダイヤモンドトレイル
という広い登山道
N
0 250 500m
1 岩湧の森駐車場（水場）
1.9km
1:30
2 岩湧山東峰
400m
0:20
3 岩湧山山頂
400m
0:20
4 岩湧山東峰
0.8km
0:30
5 いわわきの道下り口
1.5km
0:50
6 岩湧の森駐車場
m
900
800
700
600
500
400
300
897m
410m
410m
0km
0.5km
1km
1.5km
2km
2.5km
3km
3.5km
4km
4.5km

Column ❸
ヤマビルの被害が増加傾向

関西の山でも、熊・ハチ・マムシなどのほか、ヤマビルの害に悩まされるケースが増えています。関西では、鈴鹿山脈北部、台高山脈の大杉谷、大峰山脈の前鬼、南紀、播但山地などでヒル害が報告されています。

対処策はいくつかありますが、「ヒルの活動期ともいえる初夏から初秋には、ヒル害が多い山には無理にハイキングに行かない」という選択もアリでしょう。

中国自動車道 舞鶴若狭自動車道 京都縦貫自動車道 神戸淡路鳴門自動車道 で行く

鳴門自動車道で四国の山に

27

標高約 790m

丹波篠山の背後に広がる岩峰群

多紀連山

たきれんざん

森林 草花 眺望 渓谷

兵庫県、丹波山地

登山シーズン	標高差	歩行時間	歩行距離	問い合わせ先
1 2 3 4 5 6 7 8 9 10 11 12	約500m	約5時間30分	約9km	丹波篠山観光協会 079-506-1535

▲ 小金ヶ嶽山頂から望む三嶽

アクセスガイド

往復走行距離	約 150 km
往復時間	約 2 時間 20 分
往復料金(概算)	3420 円

P 上下２つに分かれた多紀連山登山者駐車場に約50台。駐車場入口にはロープが張られているので、利用者が各自開け閉めする。

中国吹田ICから中国自動車道へ、吉川JCTから舞鶴若狭自動車道で丹南篠山口ICを下り、県道299号、140号を経て県道301号で火打岩へ。北に向かい多紀連山登山者駐車場に。なお、2つの山頂の往復だけをする場合など、県道301号を登山者駐車場から北にゆるやかに上がった峠である大ワタの広場にもトイレがある広い駐車場がある。

目的地

多紀連山登山者用駐車場

コースガイド

修験道の史跡を越え、頂へ

多紀連山は多紀アルプスとも呼ばれ、丹波篠山盆地の北にそびえる岩峰群である。三嶽（御嶽、793m）を主峰として東に小金ヶ嶽（725m）、西に西ヶ嶽（727m）を両翼とした、雲海でも有名な山だ。主要な三山を日帰りで登るのは大変だが、火打岩という集落の北の広い登山者用駐車場にクルマを置き、三嶽と小金ヶ嶽は周回して登ることができる。

登山者用駐車場❶にクルマを置き、500mほど車道を南に戻ったところが三嶽の登山口。民家の脇の路地を抜けるようにして登り、イノシシの害を避けるためのゲートから広い谷筋を尾根へと上がっていく。

兵庫県、また岡山県境一帯の里山は、イノシシから地元住民や田畑、民家を守るための柵が設けてあることが多い。

尾根に出てから北上する道は、マツなど明るい雑木林に包まれ、樹間に小金ヶ嶽や西ヶ嶽を間近に望むこともできる。

1時間ほど歩いた平坦地は大嶽寺という修験道場があった地で、丹波修験道と大峰修験道の攻防の歴史を物語る遺跡である。

道は大嶽寺跡やクリンソウの群生地を抜けてから、ぐんぐんと高度を稼ぐ。

▲山頂直下にある東屋とトイレ

▲眺めのよい三獄東峰には石室がある

▲北に広がる大展望

登山レベル
上級
中級
初級

中国道・舞鶴若狭道

雲海を眺めるには？

山歩き「サブコース＆+α」アドバイス

兵庫県の中部の山はそれぞれが独立して周囲が小盆地に囲まれているので、雲海の展望地も多い。多紀連山はその代表的な山だ。雲海を楽しむには、晩秋の早朝に県道301号を大タワの広場までクルマで上がり、広場から三嶽・小金ヶ嶽を選んで往復してくるとよい。

晩秋、天気予報は晴れなのに、丹波篠山の市街は靄や霧に包まれているときが絶好のチャンスだ。雲海の大海原に小舟のように浮かぶ周囲の山々が堪能できる。

▲雲海に浮かぶ丹波北部の山々

▲大タワにあるフォレストアドベンチャー丹波ささやま

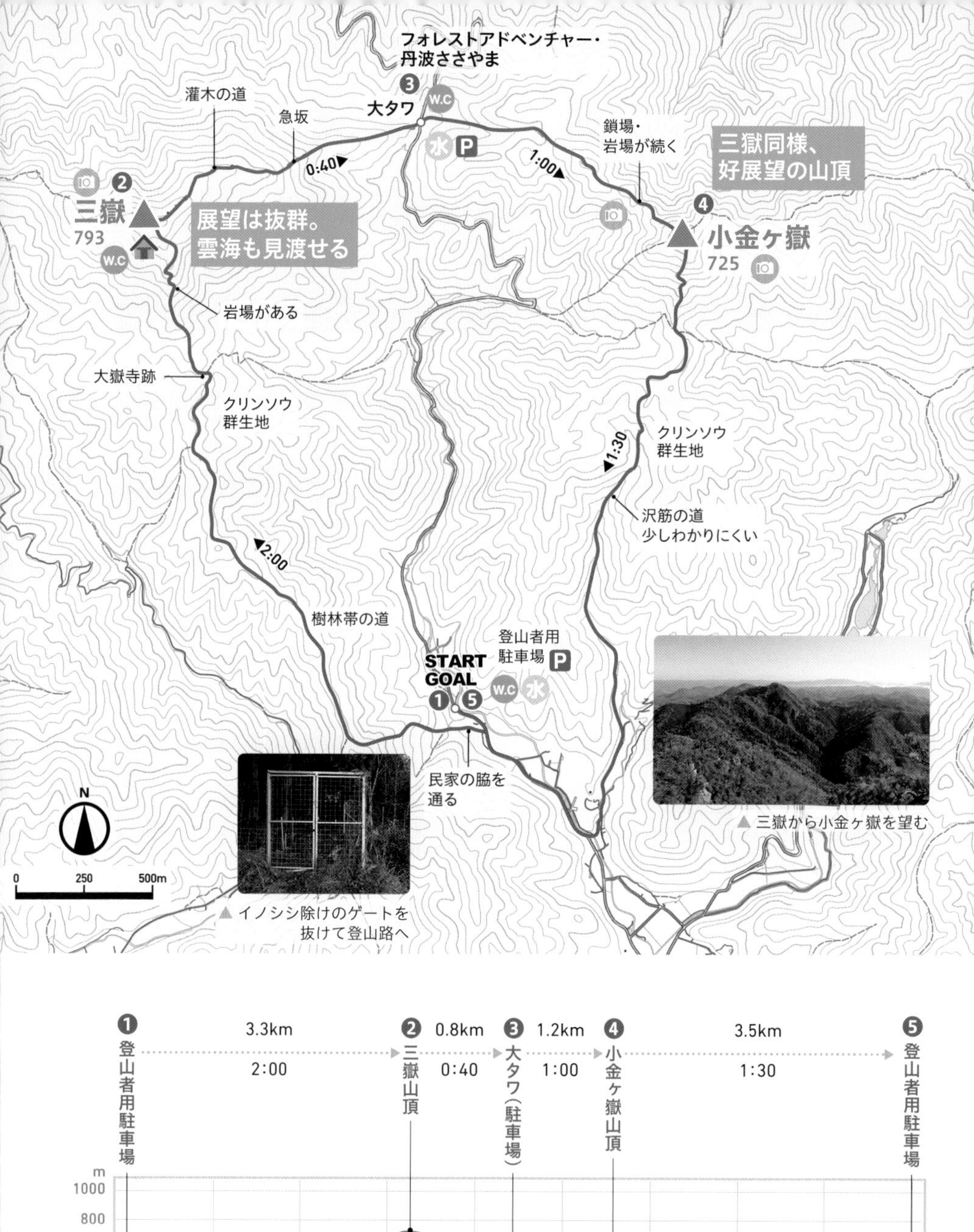

▲ イノシシ除けのゲートを抜けて登山路へ

▲ 三嶽から小金ヶ嶽を望む

①		②		③		④		⑤
登山者用駐車場	3.3km 2:00	三嶽山頂	0.8km 0:40	大タワ（駐車場）	1.2km 1:00	小金ヶ嶽山頂	3.5km 1:30	登山者用駐車場

m
1000
800
700
600
500
400
300
300m
793m
725m
300m
0km
1km
2km
3km
4km
5km
6km
7km
8km
9km

途中、岩場や鎖場もあり、岩の上からは展望を楽しめる。道はしっかりしているので、滑らないように用心して登りたい。

山頂の南側直下にはトイレのある東屋があり、一息つくのによい。稜線はすぐだ。稜線に出て西に5分程度で**三嶽山頂❷**に着く。なお、三嶽は御嶽と記すこともある。

大きなベンチの役目もする方位盤があり、北の展望がよい。雲海の向こうに氷ノ山のたおやかな山並みを望むこともできる。

三嶽の山頂部は東西に長く、稜線の分岐に役行者を安置する石室などもある。東西2つの小さなピークに分かれていると考えてもいいだろう。石室の上やそばの岩場で多紀連山はもちろんのこと、四方の展望を楽しみながら休憩・昼食をとるハイカーも多い。

山頂から東に歩いていこう。ゆったりとした稜線のあと、急な階段を下りると山頂から40分ほどで**大タワ❸**の広場に着く。「フォレストアドベンチャー・丹波ささやま」というアクティビティ施設のほか、広い駐車場、トイレ、水場なども整っている。火打岩の集落から大タワまで、クルマでやって来ることも可能だ。

岩場の連続する稜線を小金ヶ嶽へ

フォレストアドベンチャー・丹波ささやまを抜け、東に登れば1時間足らずで**小金ヶ嶽山頂❹**だ。途中の岩場・鎖場は三嶽より困難で、用心して歩いていこう。小金ヶ嶽の展望もよく、三嶽への稜線がくっきりと見える。

▲ 小金ヶ嶽の稜線を歩く

小金ヶ嶽から南に向かう道を下山する。尾根筋からいったん小さな峠を越えるようにして福泉寺跡をすぎ、谷筋に入る。ここにも、クリンソウの群生地があるが、一帯は少し道が荒れているので迷わないようにしたい。

山頂から1時間半ほどで、集落に出る。あとは、火打岩の集落近くまで下り、県道301号を**登山者用駐車場❺**に戻る。

三嶽・小金ヶ嶽を周回して、5時間ほどはかかる。駐車場に戻る車道から多紀連山を見上げれば、充実感もひとしおだ。

▲ フィレストアドベンチャー・丹波ささやまの敷地内を抜ける

▲ のんびりとした小金ヶ嶽山頂

立ち寄りスポット

こんだ薬師温泉

帰路、丹波篠山市今田町にあるこんだ薬師温泉・ぬくもりの郷に立ち寄り、ひと風呂浴びるのもいい。周囲は公園として整備され、産直品販売所や土産物店も充実している。

丹波石岩風呂や丹波焼陶板風呂などいくつかの湯が楽しめて、入浴料は大人700円。

28

標高
832m

雲海と鬼伝説が有名な新・花の百名山
大江山
おおえやま

森林 草花 眺望 渓谷

京都府、丹波山地

登山シーズン
1 2 3 4 5 6 7 8 9 10 11 12

標高差	歩行時間	歩行距離
約190m	約3時間30分	約5.8km

問い合わせ先
与謝野町観光協会
0772-43-0155

▲ 展望のよい稜線が続く大江山連峰

アクセスガイド

往復走行距離	約 250 km
往復時間	約 4 時間 20 分
往復料金(概算)	5340 円

P 大江山連峰の稜線上にある鍋塚休憩所の前に10台ほど置けるが、雲海の出ることが多い晩秋には、早朝から満車になることも多い。

吹田ICから名神高速道路を大山崎JCTへ。京都縦貫自動車道に入り、舞鶴大江ICで下りる。国道175号、府道532号、府道9号と通り、鬼の立像のある三叉路(大江山・千丈ヶ嶽の標識)を左折。西に走りログハウスのカフェがあるT字路を右折して上がっていくと、稜線上にある鍋塚休憩所へ。

▲ 鍋塚休憩所

目的地
鍋塚休憩所

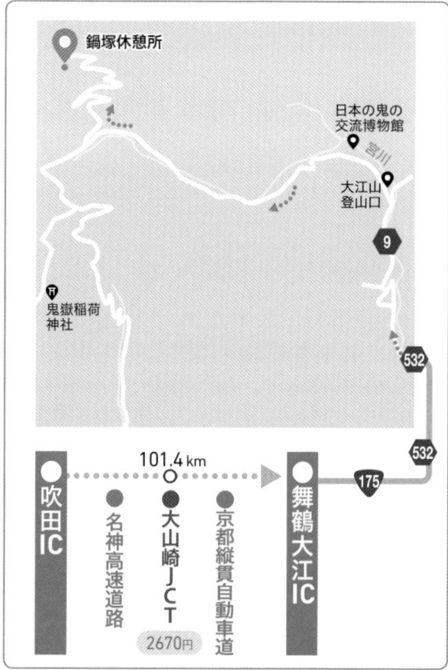

コースガイド

大江山連峰の縦走路をゆく

雲海と花、そして酒呑童子という鬼の頭領を源頼光が酒を飲ませて退治したという「鬼伝説」で知られるのが大江山だ。

一般的に「大江山」と呼ばれる大江山連峰は、赤石ヶ岳、千丈ヶ嶽、鳩ヶ峰、鍋塚の4山の総称のことで、その最高峰、832mの千丈ヶ嶽を大江山と呼ぶことが多い。

また、その4山を含む西の赤石ヶ岳から東の赤岩山までの全長約16kmの"赤赤トレイル"をメインに、全13ルート・約84kmにわたる大江山連峰トレイルが設定されている。そのため、いろいろなコースを楽しめる。

クルマで大江山に行く場合、登山口はいくつかあるが、日帰りで最もアクセスがよいのが、稜線上にある鍋塚休憩所から4山のうち3山をピストンするコースだ。

鍋塚休憩所❶にクルマを停めたら、トイレ(山中になし。冬期には閉鎖される)で用を済ませて西の鳩ヶ峰に向かう。ゆるやかな登りで、春ならタニウツギの花を楽しむことができるだろう。約30分で742mの鳩ヶ峰山頂❷だ。

晴れていれば稜線上では視界が開けている場所が多く、眺望は良好。正面に次にめざす千丈ヶ嶽を見ながら、のんびりと足を進めよう。

▲ 稜線から山麓を見下ろす

▲ 草と灌木が織りなす快適な道

登山レベル
上級
中級
初級

山懐の鬼嶽稲荷神社へ

山歩き「サブコース&+α」アドバイス

時間に余裕のあるときは、千丈ヶ嶽から鬼嶽稲荷神社を往復して(地図の――線)、雲海見物をしてもよいだろう。あいにく視界が晴れないとしても、鬼嶽稲荷神社とその往復には楽しみ、見どころも多い。

鬼嶽稲荷神社へは、ブナの原生林歩きを楽しむことができる。また神社には休憩所、トイレもあり、近くに鬼の洞窟、鬼嶽不動尊、不動の滝、金時の逆さ杉と見どころも多い。鬼の洞窟へは300mほどの距離があり、急坂ですべりやすいので慎重に行こう。

▲ 鬼嶽稲荷神社にはクルマで行くこともできる

鬼嶽稲荷の往復に約1時間10分。一息入れながら見どころを見て回るのにプラス約50分の計2時間ほどあればよいだろう。

なお、帰りにクルマで鬼嶽稲荷神社に立ち寄る場合は、少し下り、右折すれば10分弱で鬼嶽稲荷神社手前の駐車スペースに到着する。晩秋の早朝が雲海のベストシーズン。ここを起点に鍋塚までを往復してもよい。

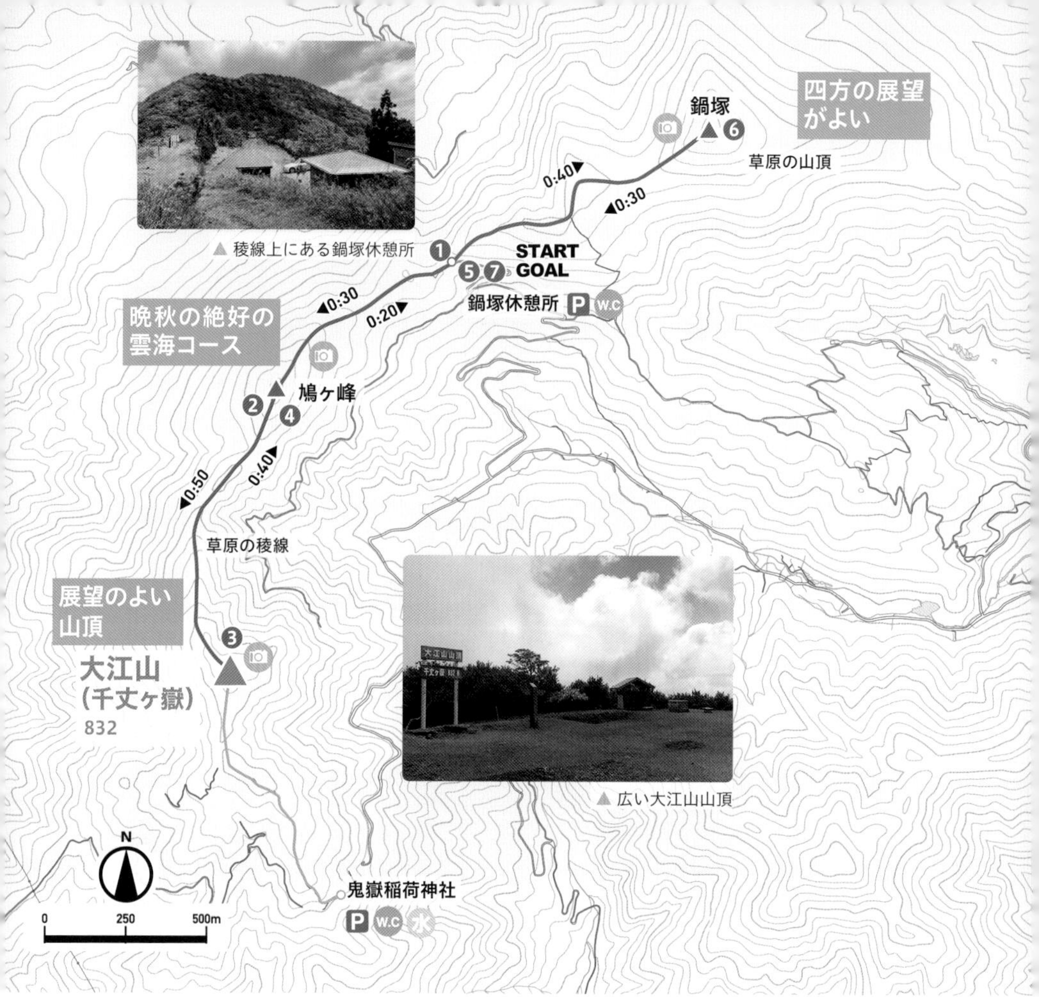

四方の展望がよい
鍋塚
6
草原の山頂
0:40
0:30
稜線上にある鍋塚休憩所
1
START
GOAL
5 7
鍋塚休憩所
P
W.C
0:30
0:20
晩秋の絶好の雲海コース
2
鳩ヶ峰
4
0:40
0:50
草原の稜線
展望のよい山頂
3
大江山
(千丈ヶ嶽)
832
広い大江山山頂
大江山山頂
千丈ヶ嶽 832m
鬼嶽稲荷神社
P
W.C
水
N
0
250
500m

1 鍋塚休憩所
0.7km 0:30
2 鳩ヶ峰山頂
1.1km 0:50
3 大江山(千丈ヶ嶽)山頂
1.1km 0:40
4 鳩ヶ峰山頂
0.7km 0:20
5 鍋塚休憩所
1.1km 0:40
6 鍋塚山頂
1.1km 0:30
7 鍋塚休憩所
m
900
800
700
600
650m
738m
832m
650m
0km
1km
2km
3km
4km
5km

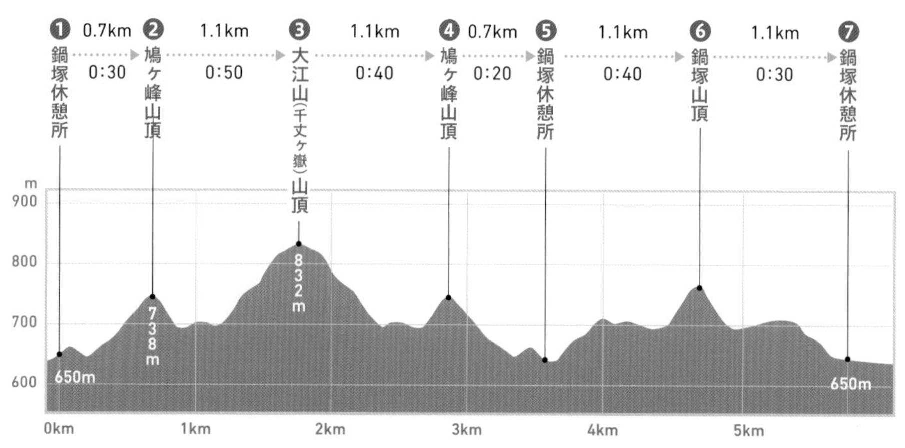

▲鳩ヶ峰山頂も絶景ポイント

少し下ったあとに登り返す。結構きつい登りのある45分ほどの行程だ。

大江山連峰の最高峰、832mの千丈ヶ嶽山頂❸は広く、一息入れるのに最適なところ。東屋があり、その横には、「新・花の百名山」に選定されている大江山で見られる花々のパネルが掲示されている。見た花を確かめてみよう。

大江山からさらに西へは赤石ヶ岳に続くトレイルルートが続き、トレイルのすぐ先に冬の朝に雲海見物に多くの人が訪れる鬼嶽稲荷神社に下りるルートがある。だが、下りになるので、ここで来た道を引き返す。

鍋塚山頂にトライ！

鳩ヶ峰山頂❹を越えると、なだらかな鍋塚の山容が美しく見えてくる。出発点の鍋塚休憩所❺からは、さらに歩みを進めてその鍋塚へ。約40分の行程だ。グリーンロッヂ方面の分岐のある鞍部を越えてゆるやかに下ったあとは、その名のとおり、鍋をひっくり返したような形をしている鍋塚山頂への急登となる。

768mの鍋塚山頂❻からの眺望は、360度のパノラマビューだ。このコース一番の絶景ポイントといってよい。振り返ると、千丈ヶ嶽、鳩ヶ峰と縦走してきた道が一望できる。

時計回りに目を転じていくと、丹後半島に抱えられたように天橋立のある宮津湾、さらに赤岩山へと続く赤赤トレイルが見える。視界のよい日には氷ノ山や白山、京都北部の山々、愛宕山などを望むこともできる。ゆっくりと眺望を楽しもう。

鍋塚休憩所❼への戻りは下り中心で約25分。山頂直下は急坂なので、ゆっくり下ろう。

▲樹林の道も明るい

立ち寄りスポット

日本の鬼の交流博物館

帰路、府道9号に出る手前、大江山グリーンロッジに隣接するのが日本の鬼の交流博物館。大江山グリーンロッジ前には広い無料駐車場がある。

博物館前には職人たちが手分けして製作した高さ5mの「大江山平成の大鬼」の鬼瓦が鎮座し、これだけでも見る価値がある。

博物館の入館料は一般330円。月曜定休。大江山の3つの鬼伝説の紹介をはじめ、全国各地の鬼にまつわる伝統芸能、世界の鬼面などが展示されている。

29

標高 1510m

展望抜群！　名瀑と円頂の兵庫県の最高峰

氷ノ山

ひょうのせん

森林　草花　眺望　渓谷

兵庫・鳥取県境、中国山地

登山シーズン 1 2 3 4 5 6 7 8 9 10 11 12

標高差

約450m

歩行時間

約6時間

歩行距離
約11km

問い合わせ先
やぶ市観光協会
079-663-1515

▲氷ノ山山頂から三ノ丸に広がるチシマザサの稜線

アクセスガイド

往復走行距離	約 320km
往復時間	約 5 時間 20 分
往復料金（概算）	4600 円

P　大段ヶ平駐車場に約30台。無料で広々としていて、特に区切られたスペースはない。

中国吹田ICから中国自動車道へ、吉川JCTから舞鶴若狭自動車道で春日IC(JCT)、北近畿豊岡自動車道（国道483号）に入り、八鹿氷ノ山ICで下り、国道9号、県道87号、鵜縄線を経て、左折して但馬アルペンロードに入り、約5kmで大段ヶ平駐車場に着く。
また、北近畿豊岡自動車道（国道483号）の養父ICで下り、県道6号、県道48号を経て大段ヶ平駐車場に行くこともできる。

目的地

大段ヶ平駐車場

コースガイド

ブナと老杉の森を抜けて

氷ノ山は中国山地の東部に位置し、兵庫県の最高峰である。周辺にはスキー場も多く、関西にあって"雪国らしい山"として多くのハイカーを迎えている。

四方に優美に延びる稜線は豊富な残雪に覆われてチシマザサが繁り、尾根を深くえぐる渓谷にはいくつもの懸瀑を落としている。

その氷ノ山には日帰りコースがいくつかあるが、手軽なのは駐車スペースも広い**大段ヶ平登山口❶**からだ。ブナに囲まれた広くゆったりとした尾根を登ること40分ほどで、大屋町避難小屋に着く。小屋から20分足らず登ると、神大ヒュッテだ。テラスで休むことができ、無雪期には細い水場がある。

神大ヒュッテから西へ、古千本と呼ばれる老杉に囲まれたたおやかな尾根を登る。やがて展望も開けてきて、北に八木川を隔ててハチ高原の開放的なスキー場を望む。

山頂が近づくと周囲の灌木は減り、ササの草稜になる。山頂間近に山頂避難小屋の三角屋根を見る頃、登山道の左手に古生沼への細い道が分かれているので覗いてみよう。ササに覆われた道を５分ほど歩けば、シカの害を避けるようにアミに囲まれた湿原に出る。ときを忘れたようにひっそりとたたずむ沼だ。

元の道に戻って10分ほど歩くと、リニュー

▲ コースには避難小屋も整備されている

▲ 神大ヒュッテ

▲ ひっそりとした古生沼

登山レベル
上級
中級
初級

中国道・舞鶴若狭道

兵庫県最大の天滝へ

山歩き「サブコース＆+α」アドバイス

▲ 兵庫県最大の天滝

大段ヶ平からの帰路、県道48号を走る場合、時間があれば筏地区・三宮神社の奥にある天滝を訪ねてみたい。

落差96mの兵庫県最大の滝で、日本の名瀑100選にも選ばれた。

天滝公園の登山道入口の駐車場にクルマを置き、渓谷沿いの遊歩道をいくつかの小滝を眺めつつ往復１時間強かかる。

たどり着いた天滝は、文字どおり天空から舞い落ちる美瀑。岩に砕けてすだれ状に広がる優美な瀑相を眺めることができる。少し奥に天滝遊歩道を登っていけば、滝のそばまで行くことができる。

なお、天滝遊歩道も最近はヒルの被害も増えたようだ。湿気が多い渓谷道だけに、夏季には用心したい。

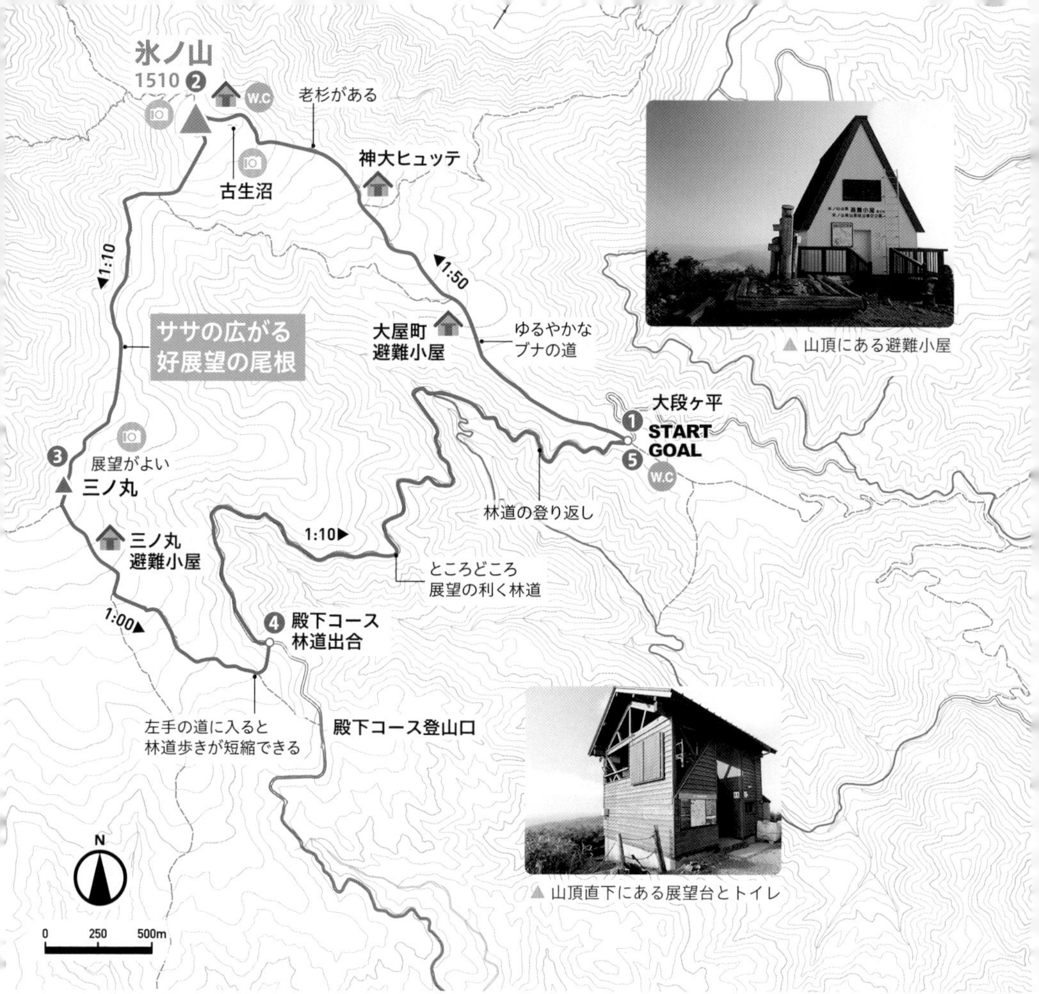

氷ノ山
1510 ❷
W.C
老杉がある
古生沼
神大ヒュッテ
◀1:10
◀1:50
ササの広がる
好展望の尾根
大屋町
避難小屋
ゆるやかな
ブナの道
大段ヶ平
❶ START
❺ GOAL
W.C
❸
展望がよい
三ノ丸
三ノ丸
避難小屋
林道の登り返し
1:10▶
ところどころ
展望の利く林道
1:00▶
❹ 殿下コース
林道出合
左手の道に入ると
林道歩きが短縮できる
殿下コース登山口
N
0 250 500m

▲ 山頂にある避難小屋

▲ 山頂直下にある展望台とトイレ

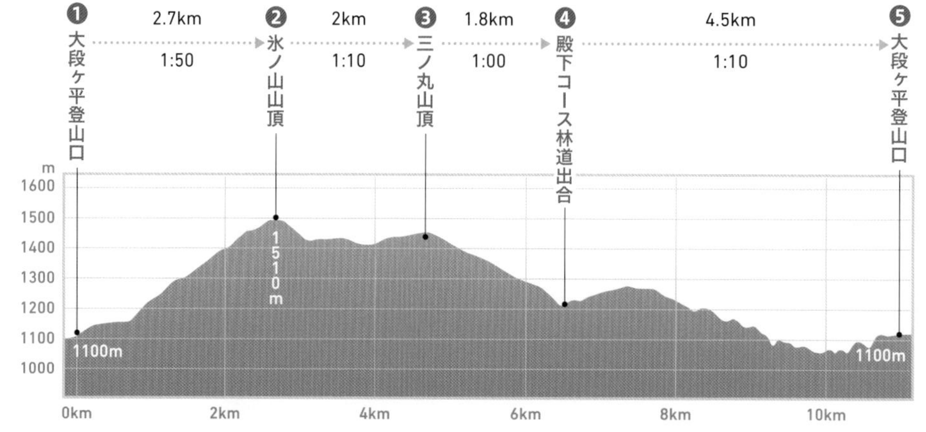

▲ 三ノ丸山頂から北に氷ノ山を望む

アルされた立派な避難小屋のある**氷ノ山山頂❷**に着く。展望はよいが、平頂峰だけに居ながらにして四方を見渡せるというわけではない。避難小屋のデッキから、少し離れたトイレ棟の展望台からなど、眺めのよいところを選んで眺望を楽しむといいだろう。

北に眼下に広がるハチ高原に延びるすっきりとした稜線が美しく、空気の澄んだ晴れた日には、遠く大山を見渡すこともできる。

ササの海を三ノ丸へ

氷ノ山の山頂から南へ、トイレ棟のある展望台の脇から、三ノ丸をめざしていこう。周囲はササの海、キャラボクの老木などを見て、緩やかに登り下りするプロムナード・コースだ。ところどころに老杉のある湿地帯を抜ける木道もあり、変化に富んでいる。

氷ノ山山頂から1時間強で**三ノ丸山頂❸**へ。朽ちた展望台に登れば、歩いてきた氷ノ山からササの海のなかをうねる道を、はるかに眺めることができる。南に目を向ければ、ササ原が広がる先に、後山や三室山など鳥取・兵庫の県境一帯の山々が広がっている。

三ノ丸山頂から南東に延びる道を下りていく。簡素な造りの三ノ丸避難小屋をすぎ、坂ノ谷登山口に下りる道を右手に分け、殿下コース登山口に向かう。殿下コース登山口の手前、左右に分かれる道を左手に行けば、**林道出合❹**で、大段ヶ平登山口への車道歩きを少し短縮できる。北に坂ノ谷林道を歩いて行く。あとは2つの谷を渡る橋を通り、林道出合から1時間ほどで、**大段ヶ平登山口❺**に戻る。

車道は概ね平坦か下り気味だが、2つ目の橋から大段ヶ平までは登り気味になる。最後のひと登りと思い、がんばって歩こう。

▲ 老杉を抜ける三ノ丸への縦走路

立ち寄りスポット

若杉高原温泉

若杉高原温泉は天滝の南、県道48号若杉峠の近く、若杉高原キャンプ場にある立寄り湯だ。周辺はスキー場があり、夏季にはオートキャンプ場として多くの家族連れでにぎわっている。スパハウスの入浴料は大人600円。ひと風呂浴びたあとの高原の爽やかさに、気持ちが和む。

30

標高 1103m

播但地方を代表する「天空の道」をゆく

段ヶ峰

だんがみね

兵庫県、播但山地

登山シーズン	標高差	歩行時間	歩行距離	問い合わせ先
1 2 3 4 5 6 7 8 9 10 11 12	約150m	約3時間	約5.7km	朝来市観光協会 生野支部 079-679-2222

▲ 段ヶ峰の稜線上から但馬の山々を見渡す

アクセスガイド

往復走行距離	約 240 km
往復時間	約 4 時間 40 分
往復料金(概算)	4580 円

P 千町峠周辺に数台。山麓から登る場合、生野高原カントリークラブ付近に2つに分かれた登山者用駐車スペース(計20台ほど)がある。

中国吹田ＩＣ下り入口から中国自動車道へ、福崎ＩＣから播但連絡有料道路を経て、神崎南ＩＣを出る。県道8号、404号、長谷駅前の交差点を左折して39号、また砥峰高原などを経て千町峠へ。

砥峰高原から先は、道路が細いので注意。

▲ 千町峠の駐車スペース

目的地 千町峠

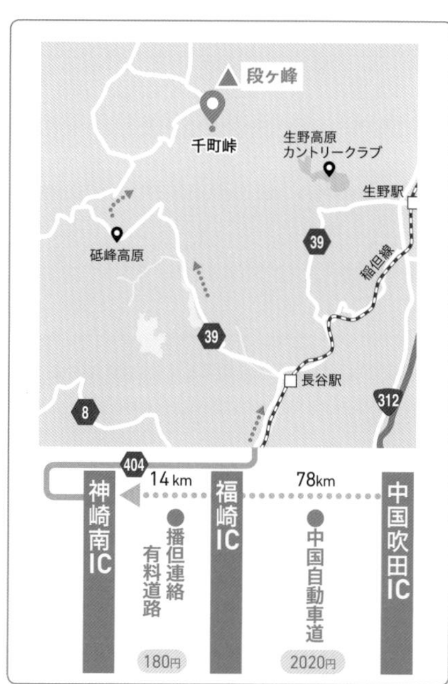

コースガイド

のびやかな天空の道を歩こう

播但山地の段ヶ峰一帯は、高原状の展望のよい稜線が広がっていることから、兵庫県の「天空の道」などといわれている。この稜線部分をのんびりと歩いてみよう。

標高950mほどの千町峠から北東にそびえる段ヶ峰の山頂は、標高1103.4m。標高差150mほどで、眺望のよい山頂からフトウガ峰の山頂（1082m）までの往復コースがお手頃だ。要する時間はゆっくり歩いて３時間程度なので、千町峠を午前中遅くに出発しても、天空の道をゆっくり堪能できる。

千町峠❶は展望が開けた峠で、クルマが数台置ける駐車スペースがあるほか、悠友山荘という個人の山小屋がある。登山道は悠友山荘の脇から伸びている。

最初は木の根が階段上に張っている針葉樹林帯の急坂を20分ほど登っていく。稜線が穏やかになってくると樹林帯を抜け、左手の展望が利く尾根となる。その緩やかな尾根を10分ほど歩くと、**段ヶ峰山頂❷**だ。

▲明るく開けた段ヶ峰山頂

▲のびやかな稜線を歩く

登山レベル
上級
中級
初級

山麓から段ヶ峰にチャレンジ

山歩き「サブコース＆＋α」アドバイス

▲樹林帯から登る

段ヶ峰山頂に至る登山道はいくつかあるが、がっつりハイキングを楽しみたいハイカーには、ＪＲ播但線「生野」駅に近い生野高原カントリークラブ近くの登山口から登る（地図の――線）のがおすすめだ。

第１・第２に分かれて計20台ほど置くことができ、水場・簡易トイレもある駐車スペースから、樹林帯の明瞭な道を登っていく。最初の30分ほどは急な登りだが、徐々に緩やかになっていき、1時間ほどで達磨ヶ峰山頂に着く。標高は912m。ここからは緩やかな草原と灌木の道で、のんびりと歩くことができるだろう。

達磨ヶ峰山頂からフトウガ峰山頂まで１時間ほどだ。あとは段ヶ峰山頂までの草稜の道を楽しみたい。登山口から段ヶ峰山頂まで3時間強の道のりである。

段ヶ峰山頂から登山口までは、往路を戻るほか、フトウガ峰の山頂西側の分岐から北谷に下る道をたどっていけば、30分ほどで生野高原カントリークラブと千町峠をつなぐ林道に降りることができる。林道は崩れたりしてクルマが通行できないこともあるが、歩くぶんにはまず問題ない。林道に出てから東へ1時間ほど下ると、駐車スペースのある登山口に着く。

▲登山口にある駐車スペース

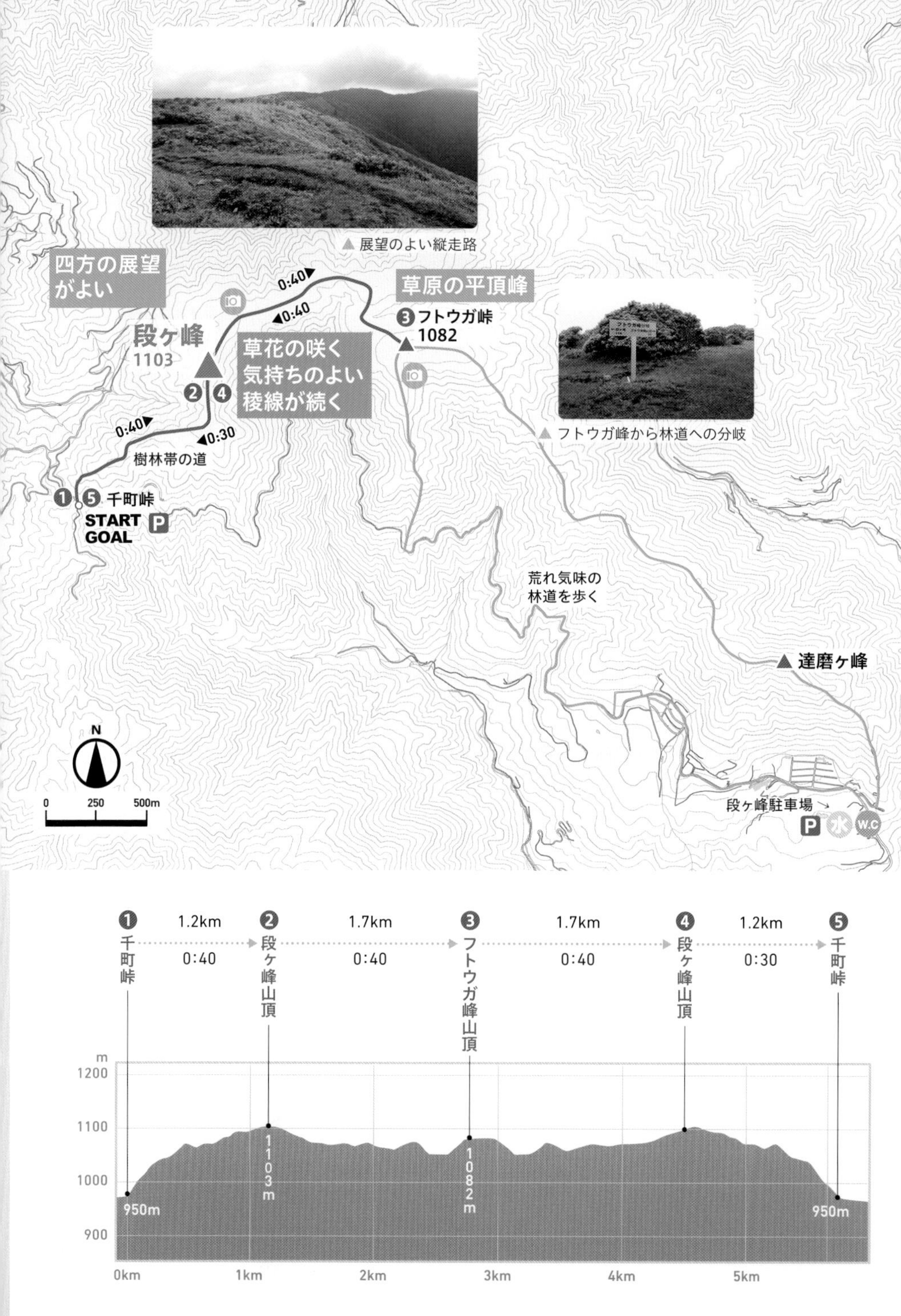
▲展望のよい縦走路
四方の展望
がよい
段ヶ峰
1103
0:40
0:40
草原の平頂峰
❸フトウガ峠
1082
草花の咲く
気持ちのよい
稜線が続く
❷ ❹
0:40
0:30
樹林帯の道
❶ ❺ 千町峠
START
GOAL
P
▲フトウガ峰から林道への分岐
荒れ気味の
林道を歩く
▲達磨ヶ峰
N
0
250
500m
段ヶ峰駐車場
P
水
W.C
❶
千町峠
1.2km
0:40
❷
段ヶ峰山頂
1.7km
0:40
❸
フトウガ峰山頂
1.7km
0:40
❹
段ヶ峰山頂
1.2km
0:30
❺
千町峠
m
1200
1100
1000
900
950m
1103m
1082m
950m
0km
1km
2km
3km
4km
5km

▲春には色とりどりの花が咲く

千町峠からは１時間かからず、呆気ないくらいの時間・距離の短さである。

段ヶ峰山頂からの展望は素晴らしく、四方、播但山地の山々が波打つように広がっている。山頂の傍にはかつて小屋があったようで、その基礎部分がひっそりと残る。

山頂から広がる1000ｍ級の山々のなかを、一本の草稜・登山道が、まるで牛の背中のように延びている。ここは日本海と瀬戸内海を分ける分水嶺で、高山性の花なども愛でながら歩ける天空の道だ。

フトウガ峰まで足を伸ばす

草原に伸びる道を東へ、フトウガ峰まで足を伸ばしてみよう。大きなアップダウンはほとんどないが、標高にして30ｍほど下る鞍部状のところでは、数分程度、灌木帯を通過することもある。

▲稜線漫歩でフトウガ峰へ

段ヶ峰山頂から１時間足らずで、右手に北谷という谷筋に向かう道を分け、その分岐から数分で**フトウガ峰山頂❸**に着く。天気がよければ、ゴロリと寝転んでいたいような、草原の真っ平な山頂。振り返り、北西を望むと、歩いてきた段ヶ峰からの草稜がひときわ美しく広がっている。

▲春にはタニウツギの花があざやか

フトウガ峰の山頂からはクルマを置いた千町峠まで往路を戻っていく。

少しずつ**段ヶ峰山頂❹**が近づいてくる姿を眺めながら歩き、**千町峠❺**へ下ると、手軽ながら「天空の道」を歩いてきた喜びがあらためて湧いてくるだろう。

立ち寄りスポット

砥峰高原

千町峠からのクルマでの帰り道、県道39号沿いにある砥峰高原。山野草の宝庫で、一体は草原に包まれた別天地だ。

自然観察舎などがあり、特に秋の行楽シーズンには多くの行楽客が壮大なススキの原を愛でにやってくる。

『ノルウェイの森』や『軍師官兵衛』など、数々の映画やＴＶドラマのロケ地としても使われた有名なところだ。

31

標高
915m

岩から岩へ、播州屈指の岩場のトレーニング

雪彦山

せっぴこさん

森林
草花
眺望
渓谷

登山シーズン
1 2 3 4 5 6 7 8 9 10 11 12

標高差
約650m

歩行時間
約6時間

歩行距離
約6km

問い合わせ先
兵庫県自然環境課
078-341-7711

兵庫県、播但山地

▲ 山麓から仰ぎ見る雪彦山の岩峰

アクセスガイド

往復走行距離	約 200km
往復時間	約 3 時間
往復料金(概算)	3720 円

P 雪彦山登山口の近く、雪彦山バンガローにある広い路肩の駐車スペースに20台ほど。

中国吹田ICから中国自動車道へ、夢前スマートICで下り、県道67号、県道504号を経て、雪彦山登山口の近くにある駐車スペースに。カーナビに「雪彦山登山口　駐車場」などと検索しても表示されない場合があるので、その際は「雪彦温泉」や「雪彦山バンガロー」「賀野神社」などど検索してもよい。なお、夢前スマートICで下りられない場合は、中国自動車道の福崎ICで下り、県道23号を西進する。

目的地
雪彦山登山口駐車場、雪彦温泉

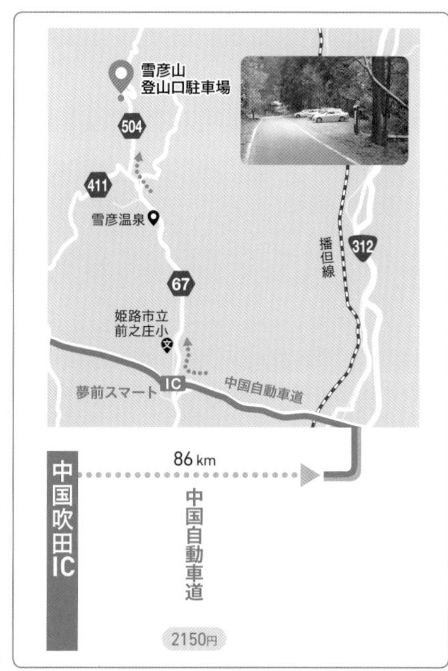

コースガイド

岩を越え、くぐり抜けて山頂へ

雪彦山は兵庫県姫路市の北部、名前も美しい夢前川の源流にそびえる。その山容は北アルプスの剣岳にも似て、急峻な岩壁に囲まれた山だ。そのため、関西のクライマーにとっては格好のトレーニングの場であり、夏にアルプスをめざす中高年ハイカーにとっても、トレーニングの場として親しまれている。

ロッククライミングの岩壁と一般ハイカーの登山道は明確に分かれている。それを無視して一般ハイカーが岩壁に取りつき、遭難騒ぎを起こす例も過去何度かあったようだ。登山道には鎖場やハシゴなどがきちんとあるので、道を踏み外さないようにしたい。

駐車場から北に数分のところに雪彦山登山口❶がある。バンガローの脇から「A」コースと書かれた道標にしたがって表登山道を登って行く。雑木林の急登が始まってしばらくすると、次々と名前のついた岩場が現れる。展望岩からは文字どおり岩場の上部からの眺望がすばらしく、眼下に夢前川と県道504号が寄り添うように流れ下る様子がよくわかる。

次に現れる大岩がセリ岩。人が1人すり抜けるのがやっとの岩場で、多くのハイカーがリュックを下ろし、手にぶら下げてすり抜けて行く。その先も、馬の背といったスリル満点の岩混じりの急登、鎖場などが続く。

▲岩の上からは姫路周辺、瀬戸内海が遠望できる

▲岩場、鎖場が続く

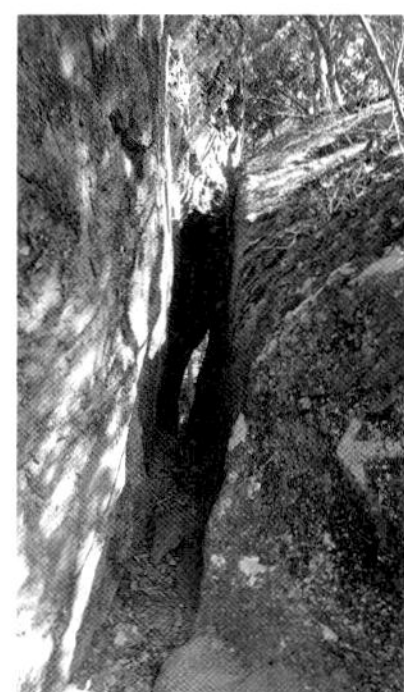

▲狭い岩をすり抜けるセリ岩

登山レベル
上級
中級
初級

中国道

賀野神社から林道を回って下山

山歩き「サブコース＆＋α」アドバイス

▲賀野神社。春はサクラの名所

岩場や鎖場をスリル満点で楽しいと思うか、怖いと感じるかは人それぞれ。怖い、疲れた、膝がガクガク……と感じる場合は、大曲り休憩所から賀野神社を回って車道を登山口に戻るコースもある（地図の── 線）。

大曲り休憩所から登山口まで20分ほど余分に時間はかかるが、賀野神社は桜の名所として知られたところ。境内から北西にそびえる雪彦山の峨々とした景観は、水墨画のような美しさもある。

「スゴイ山だなぁ」などと岩峰を眺めながら、のんびりと車道を下るのもいい。

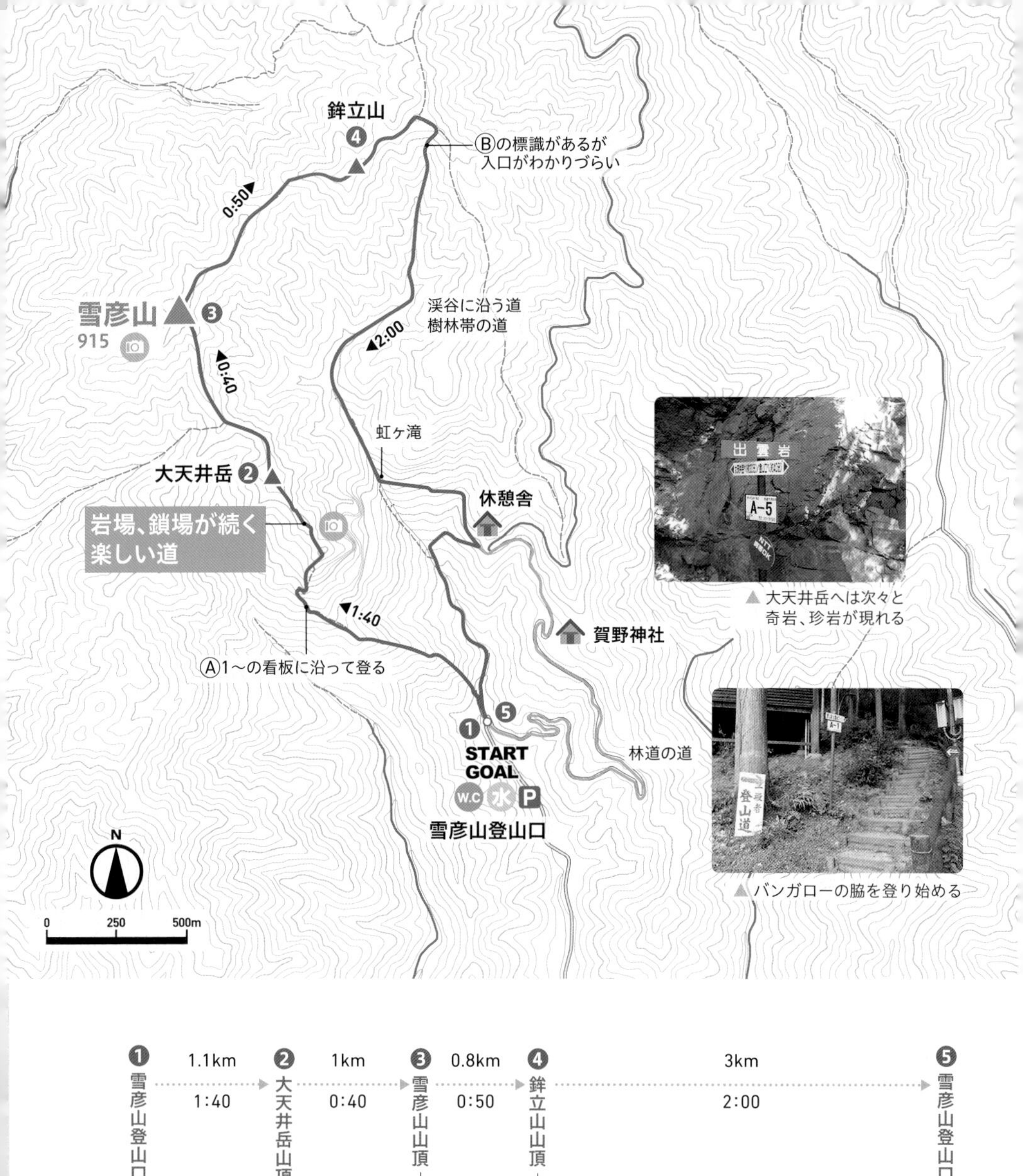

鉾立山
4
Ⓑの標識があるが
入口がわかりづらい
0:50
雪彦山
3
915
0:40
渓谷に沿う道
樹林帯の道
2:00
虹ヶ滝
大天井岳 2
休憩舎
岩場、鎖場が続く
楽しい道
賀野神社
1:40
Ⓐ1～の看板に沿って登る
1
5
START
GOAL
W.C
水
P
林道の道
雪彦山登山口
N
0
250
500m
出雲岩
A-5
A-1
登山道

▲大天井岳へは次々と奇岩、珍岩が現れる

▲バンガローの脇を登り始める

1 雪彦山登山口（水場）
1.1km
1:40
2 大天井岳山頂
1km
0:40
3 雪彦山山頂
0.8km
0:50
4 鉾立山山頂
3km
2:00
5 雪彦山登山口
m
1200
1000
800
600
400
200
310m
915m
950m
310m
0km
1km
2km
3km
4km
5km

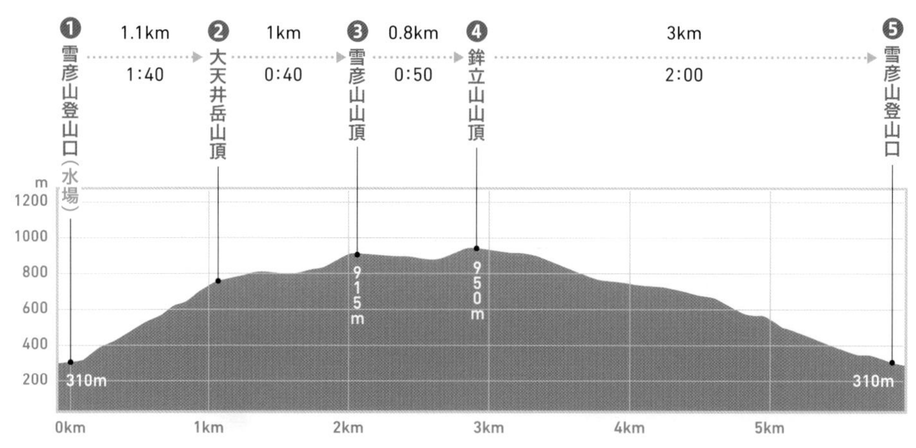

▲展望がよい雪彦山の山頂

登山口から２時間ほどで、大天井岳山頂❷という雪彦山の岩峰の１つに着く。山頂からの眺めは抜群。遠く瀬戸内海もよく見える。

標高915mの雪彦山をめざして北に歩いていこう。道標は「B」コースだ。

稜線の道はこれまでのような岩場は少ないが適度に岩の登り下りもあり、また展望もよく、歩いていて楽しい。大天井岳から20分ほど、西に鹿ヶ壺への分岐をすぎ、急坂を20分ほど登ると雪彦山山頂❸に着く。

雪彦山の山頂の標高は915m。実は、雪彦山は大天井岳、不行岳、三峰岳、地蔵岳などの岩峰群を総称した山名で、一般コースでも地図上の915mの山頂の北には標高950mの鉾立山がそびえている。稜線の道は時折、ガレ場や岩場を通るが、道標もしっかりとあり、注意して歩けば危ないものではない。岩場を楽しみながら歩いて行こう。雪彦山から40分強で鉾立山山頂❹に着き、そこから10分ほどでジャンクションピークと呼ばれる頂に着く。

虹ヶ滝に向けて下る

ジャンクションピークのあたりは林道の延伸もあり、また、倒木もあり登山道が少しわかりにくくなっている。道標を確認しつつ、南に沢筋を下って行く。

虹ヶ滝は滝上部から巻き気味に下りることになる。濡れた岩は滑りやすく注意したい。

滝の下部からは地蔵岳の裾をトラバースするように下ると、登山道の東の上部に大曲り休憩舎を見て、あらためて沢筋に戻る。虹ヶ滝から1時間足らず下って行くと、砂防堰堤を越えて雪彦山登山口❺に戻る。

▲岩場ではスリップに注意

▲虹ヶ滝。巻くようにして下りる

立ち寄りスポット

雪彦温泉

雪彦山登山口への路線バスが廃止されて10年以上経つが、そのおかげで帰路にクルマで立寄りやすくなったのが、雪彦温泉だ。山峡の立寄り湯で、入浴料は大人800円。

夏のアルプス登山の予定談義に花を咲かせながら、岩場を楽しんだ汗を流すのもいい。

登山レベル
上級
中級
初級

中国道

32

標高 1344m

山中に女人禁制地がある“西の大峰山”

後山

うしろやま

森林 草花 眺望 渓谷

登山シーズン	標高差	歩行時間	歩行距離	問い合わせ先
1 2 3 4 5 6 7 8 9 10 11 12	約640m	約5時間	約5km	美作市観光政策課 0868-72-6693

兵庫・岡山県境、中国山地

▲ 後山山頂から船木山、後山連山を望む

アクセスガイド

往復走行距離	約 280km
往復時間	約 4 時間 20 分
往復料金(概算)	5320 円

P 後山キャンプ場の駐車場に40台ほど。そのほか駒の尾山登山口に向かう車道の路肩に数台駐車できるスペースがいくつかある。

中国吹田ICから中国自動車道へ、佐用JCTから鳥取自動車道(無料区間)に入り、大原ICで下りて、国道429号を北東へ。

後山公民館の先、愛の村パークの標識をのあるT字路を左折、さらに北に車道を上がっていくと、後山キャンプ場に着く。

ちなみに、後山キャンプ場は美作市営のキャンプ場で、無料で利用できる。11月下旬から4月下旬までの冬季は閉鎖される。

目的地 後山キャンプ場駐車場

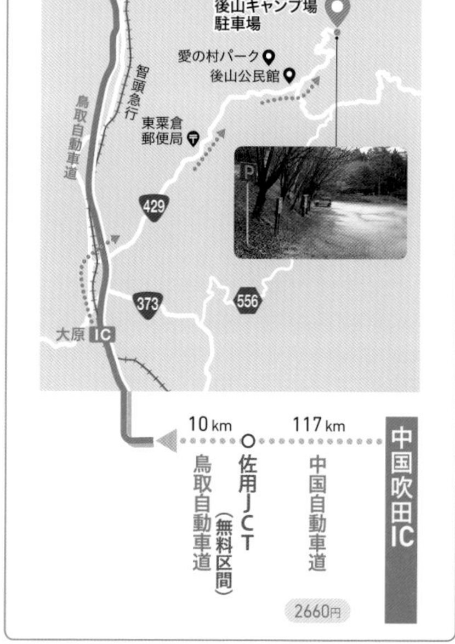

コースガイド

谷から尾根へ、船木山にダイレクトに登る

後山は兵庫・岡山県境に位置し、中国山地の東部山域に区分される。標高1344.4mは岡山県の最高峰である。

山中には紀伊半島の大峰山と同様に道仙寺奥ノ院という女人禁制の地があり、「岡山の大峰」といった呼ばれ方もされている。

登山コースはいくつかあるが、兵庫県側からのコース、特に山頂の東側、おごしき山を経るコースや行者コースなどはあまり歩かれていないようだ。一般的なコースとしては、後山連山の南麓の**船木山登山口❶**からとなる。

登山口のすぐそばの後山キャンプ場にクルマを置き、車道を数分戻って、道標を見て沢沿いの道を登っていく。水は登山口のほか、沢に下りやすいところで補給しておくといい。

植林に囲まれた道から広葉樹の道へ。沢を渡った先で、すぐあらためて沢を渡り、東に斜上する尾根を上がっていく。枝沢に沿った道を登り、炭焼き釜の跡を右に折れ、尾根に上がったところから、スギ、ヒノキの植林のなかのゆるやかな広い道を登って行く。周辺にはドウダンツツジの群生も見られる。展望はあ

▲ 広葉樹の尾根を上がる

▲ 植林のなか、石畳の敷かれた船木山直下の山道

駒の尾山の草稜を縦走する

山歩き「サブコース＆＋α」アドバイス

▲ 駒の尾山へ続く稜線

ちょっと立ち寄る程度の軽いコースではないが、早朝に登り始めれば、船木山から西へ駒の尾山に縦走し、南の林道（車道）に下りて駐車場に向かうこともできる（地図の── 線）。船木山から駒の尾山を経て登山口に下り、後山キャンプ場の駐車場に戻るまで３時間ほどを見ておく必要がある。

駒の尾山までの稜線はササやツツジの広がる気持ちのよい道だ。駒の尾山山頂は眺めもよく、避難小屋がある。東を望めば、歩いてきた道のりに感慨もひとしおだ。

下山は南に延びる尾根を下りて行く。最近はこのコースを歩く人も増えているのか、思った以上に明瞭な道が延びている。

駒の尾山の山頂から１時間ほどで車道に出て、あとは東に車道を１時間ほど歩く。

時折、後山連山の稜線や山麓を望むところはあるが、最後の車道歩きの１時間は、炎天下だと、ちょっと足に堪える道ではある。

▲ 林道沿いの駒の尾山登山口

▲迷いやすい谷筋へと下りる道

▲沢から尾根へ登っていく

▲ 船木山山頂。展望はよい

まり利かないが、樹間越しに、これから登る後山や後山連山の駒の尾山の稜線を覗く。

登山口から２時間ほど歩くと、後山連山の稜線に出る。西に駒の尾山への道が延びている。東に数分のところが船木山山頂❷だ。

稜線に出れば、灌木とササのなかに延びる明瞭な道なので、展望はよい。船木山の頂の東には、後山がこうもりが羽を広げた姿のようにどっしりと構えている。

船木山と後山の標高はほぼ同じ。登り下りが少しはあるが、稜線漫歩を楽しもう。

春にはシャクナゲも咲く船木山からの稜線を船木山山頂から約30分、ひと登りすれば岡山県の最高峰である後山山頂❸だ。

狭い山頂は展望もよい。南に美作富士と呼ばれる端正な日名倉山、東から北には三室山や氷ノ山など兵庫・鳥取の県境に延びるたおやかな稜線が続いている。

西には後山連山の駒の尾山に草稜が広がる。後山そのものの山容は森も深く少し武骨なイメージもあるが、駒の尾山に続く尾根は、すっきりとした草線を延ばしている。

下山は尾根から沢筋の下りに注意

下山は船木山山頂❹から船木山登山口❺へ往路を戻る。道標も道も明瞭で迷うことはないのだが、特に船木山から南に緩やかな尾根を下り、西に沢筋に下るところで道迷いしないようにしたい。

道標があっても、濃霧のときは見すごしてしまうこともあるようだ。

谷筋の道は明るく気持ちがいいが、浮き石に足をとられないように注意して下ろう。

▲ 後山山頂直下のササの道

▲ 後山は岡山県の最高峰

立ち寄りスポット

愛の村パーク

下山時に後山キャンプ場近くの愛の村パークの温泉でひと風呂浴びてきてもいい（入浴料大人700円）。「湯・楽・里・愛（ゆ・ら・り・あ）」という入浴施設は大規模で、周辺はコテージやレストラン、野菜販売所なども充実し、地元の人もたくさん訪れる。

温泉としては、登山口から西へクルマで20分ほど走った山麓に粟倉温泉もある。

33

標高 1255m

津山盆地の雲海を見下ろす優美な山

那岐山 なぎさん

岡山・鳥取県境、中国山地

登山シーズン 1 2 3 4 5 6 7 8 9 10 11 12

標高差 約700m

歩行時間 約5時間

歩行距離 約6.8km

問い合わせ先 奈義町観光案内所 0868-36-7311

▲ 那岐山頂から避難小屋と西の山稜

アクセスガイド

往復走行距離	約 350km
往復時間	約 4 時間 20 分
往復料金（概算）	5880 円

P 第１から第３に分かれた那岐山登山口駐車場に計30台ほど。登山口に近い第３駐車場には８台程度駐車できる。トイレはない。

中国吹田ICから中国自動車道へ、美作ICで下り、県道51号を北上、那岐山麓山の駅を経て、那岐山登山口駐車場に。

津山側から那岐山に登る場合、前後600mほどの間で３か所に分かれている駐車場を利用する。駐車台数が多いのは第１駐車場、トイレがあるのは第２駐車場だが、駐車できる台数が少なく、第１、第２駐車場からは登山口まで滝めぐりコースか車道を500m以上歩く。

目的地  那岐山登山口駐車場

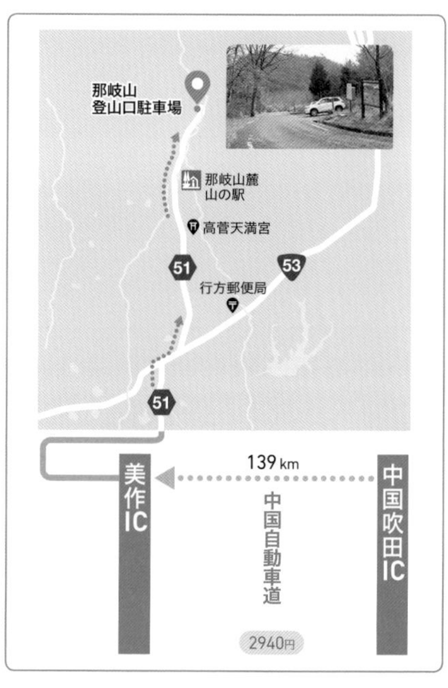

コースガイド

Bコースを登り、Cコースを下る

那岐山は中国山地の東部、岡山県の津山盆地の北にそびえる名峰である。雲海の名所、また春から初夏にはエンゴサクやイカリソウ、ツツジ、トラノオなどさまざまな山野草が咲く花の名山としても知られ、晩秋の朝には津山盆地はもちろん、中国地方の小盆地や山あいの谷筋を雲海が覆う姿がよく見られる。

地元では正月登山も行われるようで、地元市民にとっても愛すべき存在だ。

津山からの登山コースはA、B、Cと明確に分かれているので、どれかを選んで登ることになる。本書でBコースを登り、Cコースを下りる周回コースを紹介する。

登山口の駐車場は3つに分かれるが、那岐山の登山では**第3駐車場❶**が最も便利だ。駐車場のそばに蛇淵の滝という名瀑があるので見に行ってもいいだろう。

登山口から数分、林道を登ると、Cコースとの分岐に着き、Bコースを行く。道はすぐに小さな橋を渡り、沢沿いの道をたどるが、植林のなかの道で沢の流れからはだいぶ離れている。

名木ノ城跡の分岐をすぎ、枝沢を斜上する

▲第3駐車場そばの蛇淵の滝

▲BコースとCコースの分岐

名木ノ城跡を訪ねる

山歩き「サブコース＆＋α」アドバイス

Bコースの名木ノ城跡分岐から城跡を回るのは登りがきつくお勧めはできないが、Cコースを下山した場合は名木ノ城跡のコースをたどってもいいだろう（地図の――線）。

Cコースと林道の出合から林道を少し登り、沢筋に下りてから、名木ノ城跡に九十九折の道を登って行く。那岐山中の小尾根に出て、尾根を少し下ったあたりが城跡だ。史実の多くは不明だが、中世の山城跡として尾根を削った堀切や小規模な城壁に包まれた曲輪などの遺跡が残る。城跡を下って倒木の多い親滝あたりで沢を渡ると、Bコースの名木ノ城跡の分岐に着く。

なお、下山後に登山口の近くにある蛇淵の滝を見学してくるのもいいだろう。落差は大きくはないが、森に囲まれた滝と淵の景観は深閑として一見に値する。

第3駐車場から往復数分。第1、第2駐車場にクルマを置いた場合は、蛇淵の滝の下、渓流沿いの道を下山することになる。

▲那岐山中の小尾根にある名木ノ城跡

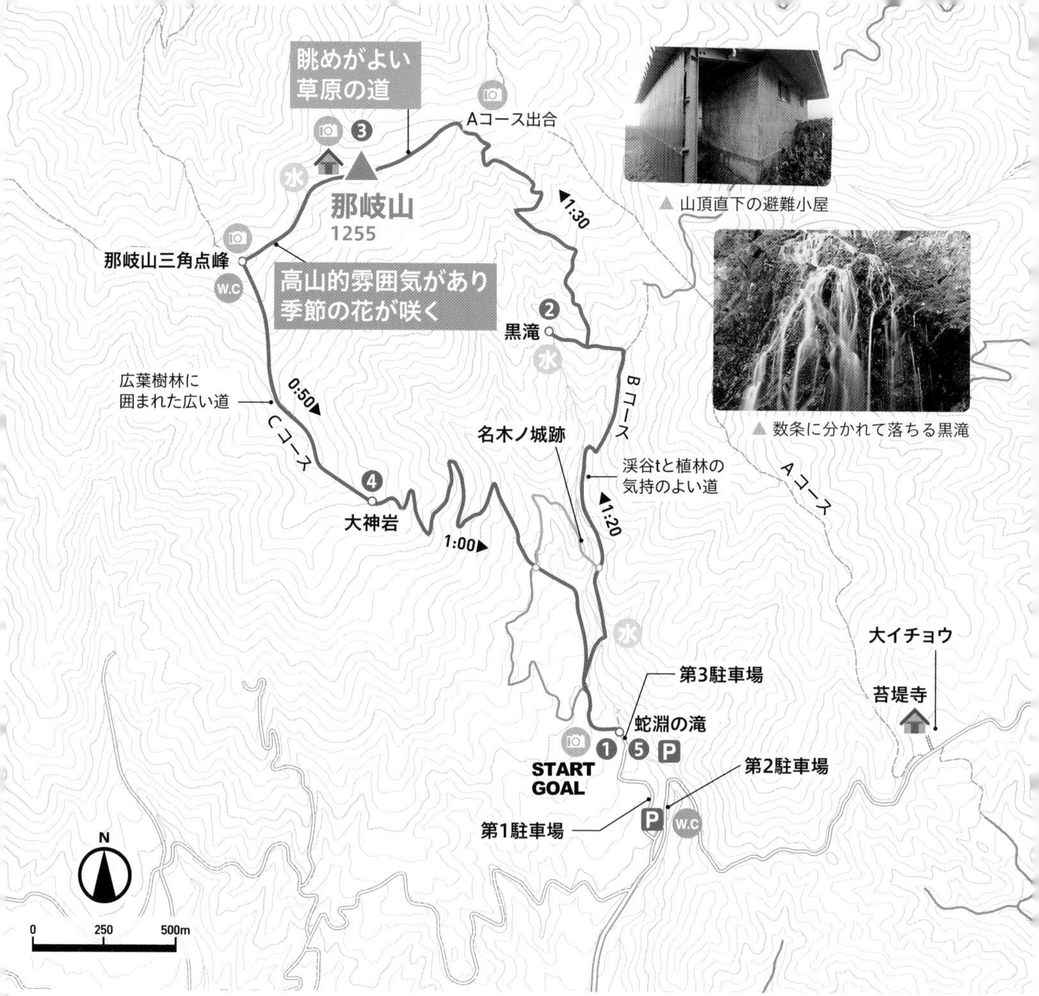

眺めがよい
草原の道
Aコース出合
那岐山
1255
1:30
那岐山三角点峰
W.C
高山的雰囲気があり
季節の花が咲く
黒滝
水
広葉樹林に
囲まれた広い道
0:50
Cコース
Bコース
名木ノ城跡
渓谷tと植林の
気持のよい道
大神岩
1:00
1:20
Aコース
大イチョウ
菩堤寺
第3駐車場
蛇淵の滝
START
GOAL
第2駐車場
第1駐車場
P
N
0
250
500m

▲ 山頂直下の避難小屋

▲ 数条に分かれて落ちる黒滝

1 第3駐車場
2km
1:20
2 黒滝
1.8km
1:30
3 那岐山山頂
1.3km
0:50
4 大神岩
1.7km
1:00
5 第3駐車場
m
1600
1400
1200
1000
800
600
400
560m
1255m
560m
0km
1km
2km
3km
4km
5km
6km

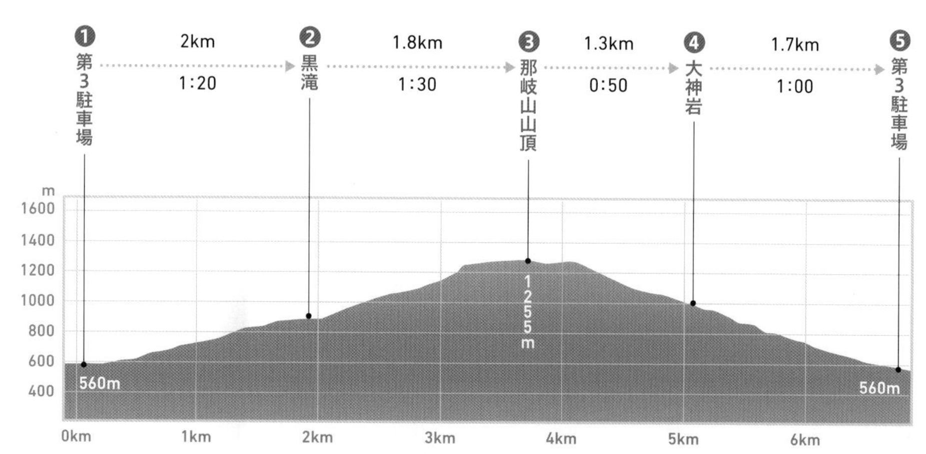

ようになると、東麓にある菩提寺からのAコースへの分岐に着く。分岐を西に少し歩くと、黒滝❷への道との分岐。往復10分ほどなので、黒滝の観瀑に行ってもいいだろう。黒滝分岐に戻り、登山路を北へ稜線へと上がっていく。途中、いったん林道を横切るが、植林から広葉樹の林になり、落葉の時期は展望も開けてくる。

登り始めてから約2時間で稜線の分岐に出る。東は菩提寺からのAコース、西は山頂への道だ。周囲の樹林も薄く、灌木とササ原になり、展望はグンと開ける。

遠く中国山地の東部、兵庫県の山並みを眺めながらのプロムナード・ロード。季節に咲く花々を愛でながら、雲海上に延びる草稜の道をのんびり歩くひとときだ。

稜線上のAコースとの分岐から30分足らずで那岐山山頂❸に着く。さえぎるものがない広い山頂で、展望も抜群だ。四方にはるか雲海と山々が織りなす眺めは壮大で、見飽きることがない。中国山地はもちろんのこと、日本海や瀬戸内の島々まで広く見渡せる。

山頂の西の直下に避難小屋があり、その先数分で那岐山三角点峰がある。ここも展望は抜群で、すぐ側にトイレもあり、100mほど北に下った枝沢は水場になっている。

トイレはもともと鳥取県が整備した避難小屋で、トイレ部分を使えるようにして避難小屋としては解体した建物のようだ。

ゆるやかな道を大神岩へ

下山は三角点峰から南へ、Cコースをたどる。広葉樹に囲まれた緩やかな道で、のんびりと下ることができる。那岐山山頂から1時間ほど下ると、大神岩❹に着く。岩の上からは津山盆地と、那岐山山麓に広がる陸上自衛隊日本原演習場が見渡せる。

登山口には大神岩から南東に、ジグザグ道を下る。植林のなかの道を抜けると駐車場からの林道（名木ノ城跡への分岐）に出て、あとは林道を横切り道標にしたがってCコースを下りると第3駐車場❺に着く。大神岩からは1時間足らずの距離だ。

▲淡い雲海に霞む山々

▲ゆるやかな樹林のなかのCコース

▲Cコースの途中にある大神岩

登山レベル
上級
中級
初級

中国道

立ち寄りスポット

菩提寺の大イチョウ

第2駐車場前の車道を東に5分ほど走ったところにある菩提寺。境内にある大イチョウは推定樹齢900年で、県下一の巨樹として国の天然記念物にも指定されている。見る者を圧倒する。ぜひ立ち寄ってみたい。

なお、この菩提樹からも那岐山への登山コースが延びている（Aコース）。

34

標高 1955m

歩いてみたい！　四国随一の美しい稜線

剣山

つるぎさん

森林
草花
眺望
渓谷

登山シーズン
1 2 3 4 5 6 7 8 9 10 11 12

標高差
約560m

歩行時間
約4時間30分

歩行距離

約6km

問い合わせ先
剣山観光推進協議会
（剣山観光登山リフト）
0883-67-5277

徳島県、四国山地

▲山頂を中心とした舞台のような剣山山頂

アクセスガイド

往復走行距離	約 480km
往復時間	約 6 時間
往復料金（概算）	10800 円

P　見ノ越には第1から第3まで駐車場があり、全体で200台以上。第1駐車場が登山には便利

中国吹田ICから中国自動車道、神戸JCTで山陽自動車道から神戸淡路鳴門自動車道、高松自動車道に入り、鳴門JCTで徳島自動車道へ。美馬ICで下り、国道438号を南下し、剣山の見ノ越第1駐車場に。なお、山陽自動車道から瀬戸中央自動車道を経て高松自動車道を通るルートのほか、西宮山口JCTから阪神高速7号北神戸線を抜けて神戸淡路鳴門自動車道に出るルートもある。

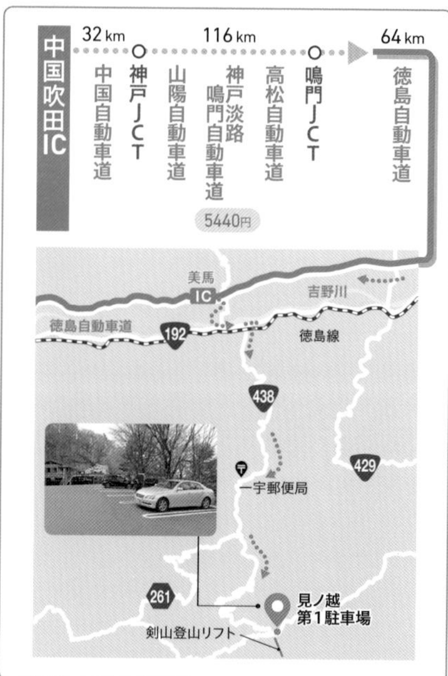

目的地
見ノ越第１駐車場

コースガイド

リフト沿いの道を、大展望の山頂へ

鳴門大橋が開通して以降、関西のハイカーにとっても四国の山はずいぶん身近な存在になった。クルマを利用して3時間ほどで山麓の登山口に行けるので、前夜発はもちろん日の長い初夏、早朝に発っても十分日帰りの可能な山域である。剣山はそんな四国を代表する山だ。日本でも有数の美しさといわれる稜線は、訪れるハイカーを魅了する。

手軽に登るには、剣山の北に位置する**見ノ越登山口❶**からがよい。リフトの運行時期はリフトを利用すればよく、リフト沿いにつけられた登山道を歩いてもよい。歩くと見ノ越から1時間足らずで**リフト西島駅❷**に着く。西島駅からコースは3つに分かれるが、山頂に直登するコースを登ってみよう。

道は明瞭で、巨木のなかを山頂まで1時間も見ておけば十分だ。樹間に展望もよく、美馬や祖谷の深い峡谷、また、北の丸笹山のたおやかな稜線を眺めつつ登る。

山頂に近づくほどに展望は開け、雲海荘や頂上ヒュッテなどの山荘を見るあたりから、木道の上を歩くことになる。
頂上ヒュッテから測候所の跡を見て5分ほど稜線に延びる木道を歩けば、平家の馬場とも称される広い**剣山山頂❸**だ。

木道が山頂の周囲を囲むようにつくられ、その姿は円形舞台のようでもある。

時間があり、天候もよければ、東に一ノ森の山頂まで行けないかと考えるのもよし、西に次郎笈の山頂まで行けないかと考えるのもよ

▲ 見ノ越から石段を登る

▲ 剣山への朝の登山道

登山レベル
上級
中級
初級

中国道・神戸淡路鳴門道・徳島道

日本で最も美しい稜線を行く

山歩き「サブコース＆＋α」アドバイス

前夜発日帰りとして早朝に見ノ越から登った場合、剣山の南西にそびえる次郎笈にトライしてみよう（── 線）。次郎笈に向かう稜線は丈の低いシコクササが芝生のように広がり、展望をさえぎるものはない。標高2000mに満たない稜線ながら、日本で最も美しく、端正な稜線と称されている。

剣山山頂から次郎笈の山頂までは約1時間。下山は剣山の山頂直下から剣山御神水に向かうトラバース道をたどれば、登り返しがほとんどないので楽だ。

なお、風が強い日はさえぎるものがないだけに吹き飛ばされそうになり、少し怖い。

▲ 剣山から次郎笈への稜線を行く

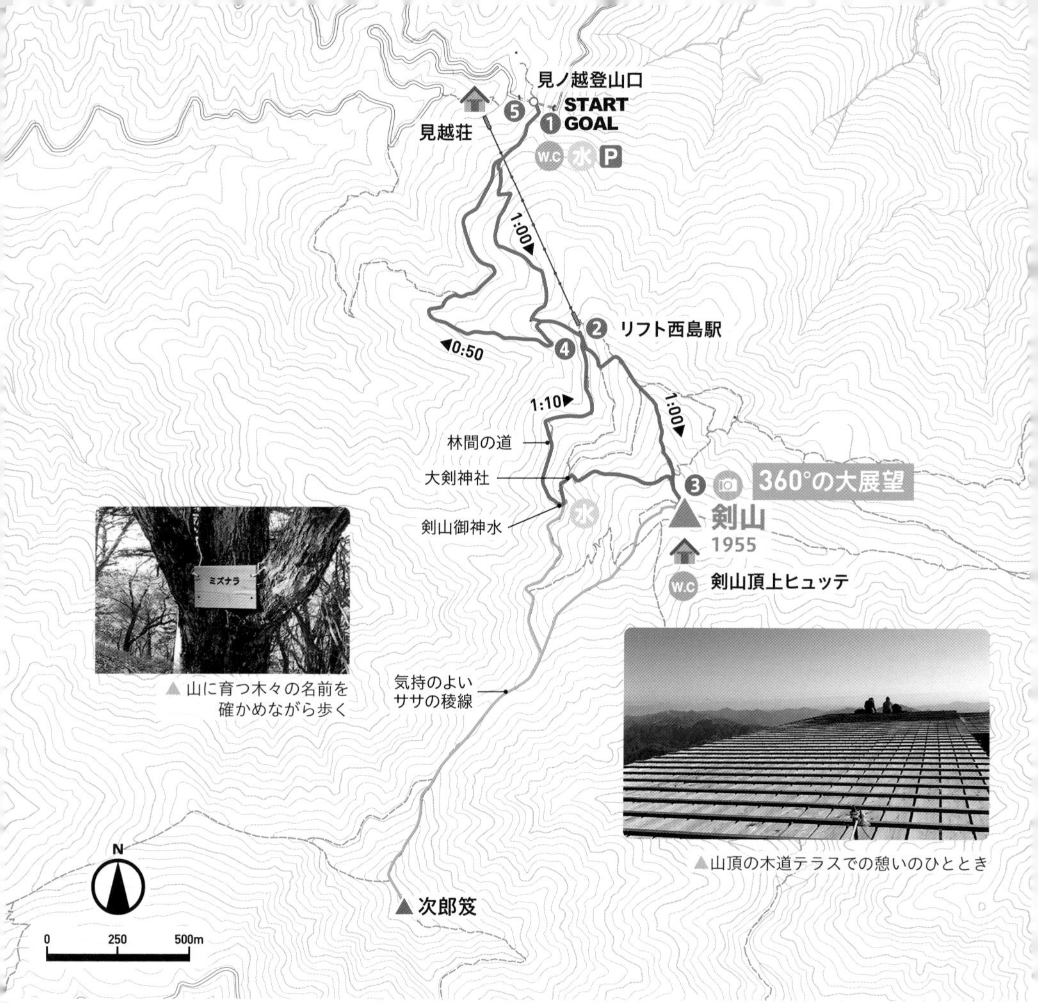

見ノ越登山口
START
GOAL
見越荘
W.C
水
P
1:00
リフト西島駅
0:50
1:10
1:00
林間の道
大剣神社
剣山御神水
水
360°の大展望
剣山
1955
剣山頂上ヒュッテ
W.C
気持のよい
ササの稜線
次郎笈
N
0
250
500m
ミズナラ

▲山に育つ木々の名前を
確かめながら歩く

▲山頂の木道テラスでの憩いのひととき

1 見ノ越登山口(水場)
1.4km
1:00
2 リフト西島駅
1km
1:00
3 剣山山頂
1.9km
1:10
4 リフト西島駅
1.8km
0:50
5 見ノ越登山口
m
2200
2000
1800
1600
1400
1955m
1400m
1400m
0km
1km
2km
3km
4km
5km
6km

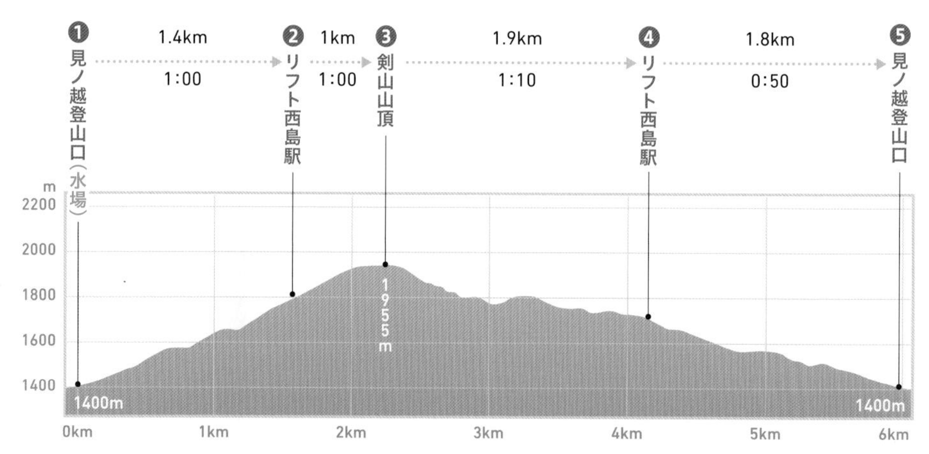